불완전한 삶에게 말을 걸다

당신이 하나님을 더 깊이 알아 가고 더 널리 알리는 사람이 되는 것, 이 책에 담긴 예수전도단의 마음입니다. 말씀을 통해 저자가 깨닫고, 원고를 통해 저희가 누릴 수 있었던 그 감동이 책을 통해 당신에게도 전해지기 원합니다. 그리고 당신을 통해 그 기쁨과 은혜가 더 많은 이들에게 계속해서 흘러가기를 기도하겠습니다. 이 책을 통해 당신이 받은 은혜를 다른 분들에게도 나눠 주십시오. 사랑하고 축복합니다.

ⓒ 김기현 2017

본 저작물의 저작권은 도서출판 예수전도단에 있습니다.
저작권법에 의해 보호받는 저작물이므로 무단 전재와 복제를 금합니다.

'세상과 하나님 나라의 경계를 사는
그리스도인에게 주는 위로'

불완전한 삶에게 말을 걸다

김 기 현 지음

예수전도단

차 례

프롤로그 ○ 009

진리와 믿음에 대하여

- 진리의 세 가지 길 ○ 018
- 진리의 두 날개 ○ 021
- 철학, 깊을수록 공허한 ○ 026
- 앎과 사랑의 경계 ○ 029
- 신앙의 맹목을 경계하며 ○ 032
- 신앙은 신앙을 의심한다 ○ 038
- 서로를 통하여 자신을 보다 ○ 043

그리스도인의 존재와 의미에 대하여

- 참된 행복은 어디에서 오는가 ○ 050
- 우리는 불완전하지만 ○ 053
- 구원의 자격 ○ 059
- 그리스도인의 존재와 행동을 말하다 ○ 063
- 우리는 어디서 났으며, 어디로 가야 하는가 ○ 071
- 아무것도 아닌 삶은 없다 ○ 077
- 사용 여부는 하나님께 달려 있다 ○ 081
- 깨끗한 그릇이 되는 일 ○ 086
- 들어가지 않고는 알 수 없는 문 ○ 090
- 목사는 어떤 존재인가 ○ 096
- 합당한 자질을 갖추려면 ○ 101
- 목사라는 이름이 무겁게 느껴질 때 ○ 106
- 그럼에도 불구하고 ○ 112

3부

그리스도인의 삶에 대하여

- 노력 없는 기도, 기도 없는 노력 ○ 118
- 글 짓는 그리스도인 ○ 122
- L목사님께 드리는 편지 ○ 127
- 할 수 있는 것과 할 수 없는 것 ○ 137
- 돈에 대한 두가지 시선 ○ 141
- 그리스도인의 경제관 ○ 146
- 모자라지도 넘치지도 않게 ○ 149
- 영광스러운 성공을 위하여 ○ 155
- 삶의 충만함은 어디에서 오는가 ○ 158

4부

세상에 대하여

- 정치의 정도를 기독교 정신에서 찾다 ○ 164
- 전통과 계승의 혁신 ○ 173
- 구약의 완성 ○ 178
- 기독교는 모순의 종교다 ○ 183
- 교리의 본질과 기능 ○ 190
- 기독교적 세계관은 무엇인가 ○ 195
- 신앙은 가장 사적이고 가장 공적이다 ○ 203
- 좋은 나무가 좋은 열매를 맺는다 ○ 208
- 최고의 스승은 예수 그리스도 ○ 215
- 왜 저들을 사랑할 수밖에 없는가 ○ 220

에필로그 ○ 224

프롤로그
바벨론 강가에서

나는 바벨론 강가에서 산다. 그곳에는 강물도 흐르지 않고, 배를 띄워 고기 잡는 어부도 보이지 않고, 강을 건널 나루터도 애당초 없었다. 강가에 꽃도 피지 않고 웃자란 풀이 드문드문 보일 뿐, 새 한 마리 날지 않는다. 인적조차 끊긴 이 적막한 강에 살아본 적도, 가본 적도 없다. 다만, 내 마음속에는 그 강줄기가 유유히 흐르고 있다. 그것도 아주 오랫동안. 그리고 앞으로도 흐르고 흘러 많은 이들의 삶 속으로 스며들어 그들 또한 내 안의 거주지인 그 강가로 몰려들 것이다.

내가 말한 바벨론 강가는 지도를 펼치면 나타나는 곳이 아니다. 나는 지리적으로 한반도의 남단 부산에 살지만, 정서적 거주지는 변방인 바벨론 강가이다. 유다의 청년들이 포로로 끌려가 살아야 했던 바벨론 땅 말이다. 고향을 잃은 사람들과 고향을 그리워하는 사람들. 잃어버린 무언가를 간절히 찾고 있는 사람들. 그런 사람들이 살고 싶지 않으나 살아야만 하는 그곳.

유대인들은 그 땅 바벨론에 대해 양가적 감정을 지녔다. 하나는 상실감이다. "우리가 바벨론의 여러 강변 거기에 앉아서 시온을 기억하며 울었도다 우리가 이방 땅에서 어찌 여호와의 노래를 부를까"(시 137:1, 4) 성전에서 하나님을 찬양하던 노래를 하나님의 원수이자 조국을 멸망시킨 적국 사람들의 유흥과 오락거리로 부를 수는 없지 않는가. 하나님의 노래는 하나님이 계신 예루살렘의 성전에서 불러져야 마땅하다. 그들에게는 위로가 절실하다.

허나, 그들은 딜레마에 빠져 있다. 예루살렘으로 귀환하기 전까지 그 땅에 거주하는 한, 부를 수 없는 노래인 까닭이다. 그들이 언제까지나 고향 땅을 그리워하고 하나님이 계신 성전을 기억한다고 하지만, 이국땅에서 사는 한 그곳은 점차 망각될 공산이 크다. 부르지 않는 노래는 잊히기 마련이다. 야웨를 '아도나이'로 고쳐 읽다가 '야웨'를 읽는 법 자체를 잊었듯이 말이다. 손은 수금 타는 법을 잊을 것이고, 혀는 입천장에 붙을 것이다(시 137:5-6). 그들은 경계선상에 서 있다.

다른 목소리도 들린다. 눈물의 예언자라는 별명을 가진 예레미야의 목소리다. 발단은 이렇다. 끌려간 포로들에게는 이 땅에서 얼마나 살아야 하는지가 관건이었다. 조만간 귀향하리라는 일부 예언자들의 말을 따른다면, 짐 쌀 준비하고, 그곳에서의 삶은 대충 살면 그만이다. 곧 돌아갈 테니까. 하지만 예상과 달리 오래 살아야 한다면, 정착하여 삶다운 삶을 살기 위한 채비를 하지 않을 수 없다.

예레미야의 대답은 무연한 백성에게 건네는 위로라 하기에는 너무 잔인했다. 그곳에서 집을 짓고 정착해야 한다. 작물을 경작하여 먹고, 결혼하여 자녀를 낳으며 이전과 다름없는 일상적 생활을 영위해야 한다. 그것도 모자라 원수의 나라 바벨론의 평화와 안정을 위해 기도하라고 말한다(렘 29:5-7).

그곳에서는 전통적인 종교 생활이 불가능하다. 정결과 부정이라는 기준으로 보자면, 부정하기 이를 데 없는 땅이다. 이스라엘에게는 조국을 멸망시키고, 성전을 박살낸 원수의 나라다. 하나님도 없고, 국가도 없고, 예배 드릴 성전도 없는 곳에서 정착하여 잘 먹고 잘 살라니, 이처럼 끔찍하고 해괴망측한 말이 또 있겠는가? 상실한 자에게 건네는 위로이기는커녕 차라리 비수라고 할 수 있다.

예레미야의 편지 이면에 흐르는 주장은 하나님의 하나님 되심에 대한 이해에서 자연스레 도출된다. 창조주 하나님은 비단 유대인만의 하나님이 아니라 바벨론의 하나님이시다. 하나님은 예루살렘 성전에만 갇혀 있는 분이 아니다. 이 세상 어느 곳이라도 하나님이 계시지 않는 곳, 다스리지 않는 곳은 없다. 바벨론 또한 하나님이 거주하시는 성전이고, 그 땅에서의 삶 또한 하나님이 받으실 만한, 하나님께 드릴 만한 예배이다. 시온이 아닌 곳에서 시온의 노래를 불러야 하고, 성전이 없는 곳에서 성전이 되어야 하는 삶, 그렇기에 바벨론은 유배지가 아니고 사명의 땅이다.

예레미야의 조언대로 이스라엘은 새로운 하나님을 새로운 땅에서, 낯선 하나님을 낯선 땅에서 만났다. 그곳에는 두 가지가 없었다. 먼저는 국가(No State)이다. 국가가 없으니 유대민족 국가와 하나님과의 배타적 연결 고리가 자연스럽게 끊어진다. 바벨론 땅에 가서 살아 보니 그곳에도 하나님이 계시고, 그들도 하나님이 창조하시고 사랑하시는 백성이었다. 그렇다면 하나님은 유대인만의 하나님이 아닌 모든 민족의 하나님이시다. 그들은 바벨론에서 배타적 선민사상으로부터 자유로워지는 계기를 만났다. 자신의 국가와 민족의 이익을 하나님 나라와 동일시하지 않게 된 것이다.

그리고 국가가 없으니 특정한 지상의 왕이나 집단(정당), 지역, 이데올로기를 맹목적으로 지지하지 않게 되고, 자연스레 참 왕이신 하나님께 온전한 충성을 하게 된다. 살아 있는 예는 다니엘이다. 하나님이 진정한 왕이시기에 목숨을 걸고 느부갓네살과 대립을 마다하지 않는다. 동시에 그에게 진정한 조언자로 충성을 다한다. 그가 누구이든지 간에 하나님이 세운 왕이기 때문이다. 다른 왕과 왕조를 만나도 변함이 없다.

다른 하나는 성전(No Temple)이다. 그곳에는 성전이 없고, 희생제가 있을 리 만무하고, 그러니 제사장 계층이 존재할 이유가 없다. 그러므로 성전이 없어도 하나님은 계시고, 희생제가 아니더라도 예배는 드려져야 하고, 제사장들은 새로운 일을 찾아야 했다. 때문에 바벨론 이후부터는 성전 중심의 제의에서 회당의 성경 중심적 예배로 변하게 되었다. 이제 예루살렘 한 곳에만 있는 성전이 아닌, 마을 회당이 그 역할을 대체하게 되었다. 동물을 희생하는 제사보다 성경을 공부하는 것이, 제사장보다는 성경을 가르치는 랍비가 더 중요해졌다. 실제로 AD 70년경에 예루살렘과 성전이 파괴된 이후, 제사장 그룹인 사두개파는 역사에서 사라졌다. 그렇다면, 오늘날 한국 교회와 세상의 관계는 어떠한가? 이것이 이 책에서 던지는 핵심 물음이다.

이 책에 실린 글은 지난 10여 년간 여기저기에 발표한 약 200여 개의 칼럼 중에서 고르고 고른 것들이다. 교회 주보의 칼럼코너에 주로 썼던 글인데, 일부는 〈복음과 상황〉, 〈뉴스앤조이〉 등에 발표하기도 했다. 교우들의 고민 상담을 차분하게 정리한 것부터 우리 당대의 지성인들에 대한 딴죽과 시비, 그리고 나름의 대안적 사유들이 모여 있다. 때문에 처음부터 끝까지 죽 연달아서 읽을 필요는 없다. 독자들도 본인이 읽고픈 글을 골라서 읽으면 되겠다. 그러다가 곶감 빼먹듯이 하나 둘 읽다 보면 어느새 책을 덮게 되리.

내가 이 변방에 정붙이고 살게 된 이유는 좋은 벗들이 있어서다. 무엇보다도 가족이다. 가족이 없었다면 지금의 나는 없다. 현실에 안주할라치면 내 둔한 뒤통수를 후려치는 날선 도끼가 되었다가, 이리저리 흔들리면 내 손을 잡아 주는 아내 이선숙, 페이스북 페이지 "철학개그"와 〈복음과 상황〉의 "스무 살의 인문학"으로 대박을 터뜨리면서 기성 권위에 똥고집과 똥침을 날리며 자신만의 인문학적 사유를 모색하는 아들 김희림, 낯선 땅에서 두려워하기보다는 뜨겁게 하나님을 경험하고, 신나게 친구를 만나고, 진지하게 공부하며 새롭게 시작하는 딸, 김서은.

우리 네 사람은 식탁에 둘러앉아 밥을 먹으며 시간 가는 줄도 모르고 일상의 소소한 이야기부터 정치와 철학, 교회와 신앙에 관한 이야기까지 폭넓은 대화를 나누었다. 때로는 싸우고, 울고, 그러다가 웃고 까불던 그 달달한 시간이 나의 버팀목이 되었고, 어떤 책과 글보다 더 옹골찬 가르침이 되었다. 사랑한다, 정말 사랑한다.

다음은 로고스교회와 로고스서원이다. 유대인들이 유배지 바벨론 땅에서 성서를 재구성하고, 다산이 유배지 강진에서 제자들과 함께 500여 권을 책을 저술하였다면, 내게는 로고스서원과 로고스교회가 있다. 로고스교회가 성경을 읽고 토론하고 그 말씀대로 살아가고자 하는 공동체라면, 로고스서원은 책을 읽고 글을 쓰는 곳이다. 성서 공동체인 교회와 독서 공동체인 서원은 날개와 같다. 교회 식구들은 공동체적 읽기를 통해 성경을 입체적으로 독해하도록 도와주는 동역자들이다. 서원 식구들은 함께 책을 읽고 밥을 먹으며, 삶을 새롭게 쓰는 일을 하는 동반자들이다. 고맙고, 고맙다.

마지막은 출판사 식구들이다. 조금은 쓸쓸하고 삐딱한 글을 출간하기로 결정한 출판사 대표, 하마터면 사라질 뻔한 글을 찾아내고 뿔뿔이 흩어진 글들을 모아서 일목요연하게 읽을 만한 글로 재가공

해 준 편집자, 이 책의 이면에 흐르는 감성과 분위기를 잘 캐치해서 표현해 준 디자이너, 이 책이 필요한 독자에게 힘써 전달하는 영업자에게 깊이 감사드린다.

    1세기 유대인들은 주전 6세기에 시작한 바벨론 유수가 아직도 끝나지 않았다고 믿었다. 마르틴 루터는 16세기의 교회는 중세라는 바벨론에 감금 상태라고 주장했다. 21세기의 한국 그리스도인들도 바벨론 강가에서 산다. 토머스 쿤(Thomas Kuhn)의 말대로 세 시대의 공통점은 패러다임 전환기라는 점이다. 이전의 공식과 방식이 통용되지 않으며, 그것을 혼돈이 아닌 창조적 계기로 받아들이는 지혜가 우리에게 요구된다. 이 책이 바벨론 강가를 배회하며 새로운 상상력으로 보다 가치 있는 삶을 꿈꾸는 이들이 서로에게 건네는 위로가 되기를 소망한다.

바벨론 강가, 부산에서
김기현

1부

진리와 믿음에 대하여

진리의 세 가지 길

그중 제일은 사랑이라

예수님을 재판했던 빌라도는 "진리가 무엇이오?"(요 18:38)라고 예수님께 물었다. 지금이나 그때나 사람들에게 가장 중요한 물음은 진리를 향한 물음이 아니었나 싶다. 그렇다고 모두가 같은 답을 찾은 것은 아니다. 사람들이 추구하는 진리가 저마다 달랐던 것이리라.

사람들이 믿는 첫 번째 진리관은 현대 철학이 사유하는 '논리'다. 이들에게 사실(fact)에 부합한 것은 진리이고 사실과 다른 것은 거짓이다. 논리적 사고를 통해 진리로 세울 수 있는 것은 오로지 객관적으로 검증할 수 있다. 하지만 이 진리관의 가장 큰 맹점은 대체로 윤리 의식이 약하다는 것이다. 객관적 사실만으로는 강도에게 맞아 쓰러져 있는 사람을 도와야 한다는 도덕적 당위성이 도출될 수 없다. 이것이야 말로 알맹이 없는 껍데기에 불과한 것이 아닌가?

두 번째 진리관은 '윤리'다. 객관적 진리를 추구하는 사실과는 다르게 윤리는 가치를 판단한다. 윤리에는 주관이 들어가기 때문에 사실과 거짓을 구분하기가 거의 불가능하다. 그래서 절대적인 도덕적 가치란 있을 수 없고, 사회적 관습이나 규범에 따라 실타래처럼 얽히기 마련이다. 권선징악은 인류의 보편타당한 도덕관이라고 생각할 수 있지만, 표면적으로 나타나는 것과 달리 무엇이 악이고 선인지에 대한 가치 판단이 여전히 남아 있다.

가령 안중근의 경우, 우리에게는 훌륭한 독립 운동가이지만 일본에서는 흉악한 테러리스트에 불과하다. 주관적 판단이 악한 일과 선한 일을 구분하므로 결과도 극명하게 갈리는 것이다. 여기서 알 수 있는 윤리의 가장 큰 맹점은 주관적인 가치 판단에 예속될 수밖에 없기 때문에 다른 사람을 정죄하기가 쉽다는 점이다. 때론 옳은 일을 규정하려는 일이 남을 판단하고 정죄하는 도구로 변모하기도 한다. 그래서 윤리는 바리새인에게서 보듯이 율법주의로 흐를 가능성이 농후하다.

세 번째 길은 '진리'다. 다시 원점으로 돌아왔다. 그렇다면 도대체 진리가 무엇이란 말인가? 이처럼 본질적인 물음 앞에 '진리는 사랑이다'라는 말로 답할 수 있다. 성경은 일관되게 진리를 사랑이라 증언한다. 예수님은 하나님과 사람을 사랑하는 것이 성경의 골자라고 말씀한다(마 22:40). 바울에게 사랑은 율법의 완성이다(롬 13:10). 사도

요한은 사랑하는 자가 진리에 속한다고 말한다(요일 3:19). 사실의 진위와 옳고 그름의 판단을 넘어서 서로 사랑하는 것이 진리의 요체다. 사랑하는 것이 옳다면 사랑하지 않는 것은 그른 일이다. 그래서 사랑은 진리를 시험하며 진리를 확증하기도 한다(요 13:35).

  논리는 사실을 추구하고, 윤리는 거룩을 지향하고, 진리는 온몸으로 사랑을 갈망한다. 철학자의 교실에서는 사람을 배제한 채 사실에 대해서만 천착할 뿐이다. 도덕군자의 식탁에는 세리, 창기, 죄인이 앉을 자리가 없다. 하지만 예수님의 집은 만민이 들어갈 수 있는, 만민을 위한 광장이다. 죄인마저도 품는 진리를 맹목적인 사랑이라고만 말할 수 없다. 사랑을 받은 모든 사람이 사랑 안에서 변하기 때문이다.

  세 가지 종류의 진리는 저마다의 물음을 던지고 답변한다. 하지만 그중 제일은 사랑이다. 우리는 사랑이신 그분이 진리이기 때문에 서로 사랑하고(요이 1:3), 진리와 함께 기뻐한다(고전 13:6). 단 하나의 진정한 진리, 그것은 사랑이다.

진리의 두 날개

신앙의 획일성을 경계하라

새들은 오롯이 두 날개의 힘만으로 창공을 자유롭게 날아다닌다. 한 날개만으로 온전히 날아오르는 새는 없다. 아름답고 충만한 새들의 비행은 조화와 균형에서 비롯되는 것이다. 새들의 날갯짓처럼 진리의 아름다움 역시 두 날개에 있다. 진리의 다채로운 빛은 획일성에서 나오는 것이 아니라 다른 날개로부터 나오는 것이다. 곧 각각의 요소가 한 곳에서 만나 아름다움을 창출하는 것이리라. 가만히 들여다 보면 성경의 세계에는 얼마나 많은 두 날개가 담겨 있는가?

단적으로 신명기를 보면 우리의 고난이 죄에 대한 하나님의 심판이라고 말한다. 말씀에 순종하면 축복을, 불순종하면 하나님의 저주를 받는다. 하지만 우리가 발 딛고 있는 삶의 실상은 축복과 저주가 마땅한 곳에만 내리지 않는다. 도리어 악인이 흥하고 의인이 고난을 겪는 경우도 많다. 욥의 이야기는 무고한 자가 악인보다 더 깊은 고통의 나락에 빠질 수 있다는 예증이다. 그러므로 섣부르게 성경의 한 날개만을 보면 큰 오류에 빠질 수 있다.

성경의 양면을 파악하지 못하고 한 면만을 옹호하는 사람, 알고 있으면서도 자기 입맛에 맞게 주장하는 사람은 왜곡된 그리스도인이다. 기독교 신앙에서 진정한 위험은 진리의 부정이 아니라 진리의 불충분한 강조다. 듣고자 하는 말씀만을 좋아하고 다른 말씀은 편파적으로 싫어하는 이는 필히 독단과 독선에 빠진다. 1세기경 출현한 이단인 예수님의 인성만을 강조하는 에비온주의(Ebionism)나 인성은 무시하고 신성만을 옹호하는 영지주의(Gnosticism, 가현설주의)가 좋은 예다. 우리는 성경이 지닌 양면성을 불편하게 생각해서는 안 된다. 다름이 서로를 보충할 때 진리의 온전함이 드러나기 때문이다.

사무엘상만 보아도 8장에서는 왕권을 부인하지만, 9장에서는 왕권을 인정한다. 같은 내용에 대해 성경의 저자마다 극명한 시각차를 보이기도 한다. 이사야의 성전은 거룩한 하나님의 임재를 경험하는 장소이지만(사 6장), 예레미야에게 성전은 그저 돌무더기에 불과하다(렘 7:4). 그래서 예레미야는 성전보다 더 크신 하나님을 선포한다. 두 사람은 성전에 대한 성경의 양면적인 견해를 또렷하게 대조해서 보여 주고 있다.

어떻게 같은 성전을 두고서 이토록 다른 해석이 나올 수 있는가? 그것은 두 사람이 서로 다른 상황에 직면해 있었기 때문이다. 이사야는 성전이 수치를 당하는 시대를 살았고, 예레미야는 성전이 더러운 삶을 가리는 포장지로 전락한 시대를 살았다. 둘 다 옳지만, 양자택일 하지 않으면 안 되었던 것이다.

또한 에스라와 느헤미야는 배타적 민족주의를 표방하였다. 그것은 강한 이교도 사회에 둘러싸인 소수자가 신앙의 정체성을 확보하기 위해 내린 불가피한 조치였다. 하지만 기독교 신앙의 정체성은 자기 자신을 위한 것이 아니다. 하나님이 이스라엘을 특별히 선택하시고 사랑을 쏟으신 것은 비단 그들만을 위한 목적이 아니었다. 그것은 그들을 통해 이방인, 곧 만민을 구원하려는 하나님의 계획의 일환이었다.

한편 룻기와 요나서는 이와 같은 하나님의 보편적 사랑을 주장한다. 하나님 백성이라 자부하는 이스라엘이 왕 없이 제멋대로 행하던 혼탁한 시절에, 모압 여인 룻이 시어머니와 하나님 앞에 신실한 모범이 되어 선민인 이스라엘을 부끄럽게 만든다. 또한 민족의 원수이자 불결한 이교도인 니느웨를 향한 하나님의 애틋한 사랑을 시기하여 성내는 요나에게 하나님은 박 넝쿨을 통해 그들을 향한 사랑의 합당함을 깨우쳐 주신다. 얼핏 룻기와 요나서를 보면 에스라와 느헤미야와 다른 내용으로 맞서고 있는 듯하다. 하지만 두 날개는 한쪽이 극단으로 치우치는 것을 막아 주면서 진리의 아름다움을 위해 서로 돕고 있다.

이러한 맥락에서 보면 교리의 영역도 매한가지다. 특히 구원의 교리에 잇따르는 대표적인 두 날개는 하나님의 주권을 강조하는 칼뱅주의(Calvinism)와 인간의 협력을 강조하는 알미니우스주의(Arminianism)라고 할 수 있다. 휫필드와 웨슬리는 둘 다 위대한 복음전도자였지만, 영국과 미국에서 부흥을 주도했던 휫필드는 칼뱅주의자였고, 웨슬리는 알미니우스주의자였다. 각기 성경적인 근거와 역사적 정통성, 신자의 삶에 미치는 변혁적 능력이 막상막하였다. 그럼에도 휫필드와 웨슬리는 그들의 길을 선택했으며 그에 따르는 심한 논쟁도 마다하지 않았다.

하지만 진리가 두 날개라고 해서 양비론이나 양시론을 주장하며 선택을 회피하는 수단으로 삼아서는 안 된다. 세상을 살아가는 우리는 때때로 이사야의 길과 예레미야의 길 사이에서 선택해야만 한다. 이사야의 논리로 예레미야를 비판하고, 예레미야의 시선으로 이사야를 부정하는 것은 전형적인 기회주의자의 처신이다. 이처럼 한 면만의 강조가 독단주의자라면, 양면을 보면서 선택하지 않는 것은 기회주의자다. 우리는 두 가지 길 사이에서 어느 편에 설 것인지를 결단하며 살아가야 한다.

다만, 한 가지 조건을 기억해야 한다. 우리에게는 일정한 긴장이 필요하다는 것이다. 흔한 말로 장미의 아름다움은 가시에 있다고 말한다. 칼뱅주의의 아름다움은 알미니우스주의라는 가시로 인해서 더욱 빛났다. (편집자 주: 알미니우스주의는 17세기 초 네덜란드 신학자인 알미니우스의 사상이다. 가장 뚜렷한 특징은 하나님의 절대 주권을 강조하는 칼뱅주의 예정론과 달리 인간의 자유의지(free will)를 강조하는 것이다. 인간은 완전 타락한 존재이므로 구원은 전적으로 하나님의 은혜에 달려 있다고 생각한 칼뱅과 달리, 알미니우스는 최종적인 구원의 여부는 하나님의 은혜에 대한 인간의 응답이라고 생각하였다.) 그 반대도 마찬가지다. 가시를 제거하는 것이 당장은 좋아 보여도 가시를 없애는 순간 장미의 꽃도 시들어 버린다.

구약 성경에는 네 가지 중요한 전통이 있다. 왕과 제사장, 예언자와 현자가 그것이다. 왕은 하나님을 대리하고 제사장은 백성을 대신한다. 예언자는 왕의 정치를 교정하고 현자는 예언자의 급진성을 완화한다. 그들은 이렇게 상호 비판과 보완을 통해 하나님의 계시를 전달한다. 그러니 우리는 고유한 정체성을 유지하면서도 나를 더 아름답고 건강하게 만드는 다른 날개와 공생해야 한다. 이것이 성경과 교리가 우리에게 전하는 삶의 진실이다. 오늘따라 장미의 가시가 새삼스럽게 예뻐 보인다.

철학, 깊을수록 공허한

웅덩이에 빠진 철학

고대 그리스 밀레토스(Miletus)에 탈레스(Thales)라는 철학자가 있었다. 사람들은 그를 일곱 현인 중의 한 사람이라고 말했고, 아리스토텔레스는 그를 '철학의 아버지'라고 불렀다. 일식을 정확하게 계산해 낸 그는 수학과 천문학에도 조예가 깊었다. 플라톤의 전언에 의하면 어느 날 탈레스는 하늘의 별을 관찰하면서 걷다가 그만 웅덩이에 빠지고 말았다고 한다. 그러자 한 하녀가 "자기 발밑에 있는 것도 보지 못하면서 하늘의 일을 알려고 하다니!"라며 비웃었다.

이 이야기는 철학이 어떤 학문인지를 잘 보여 준다. 그가 연구하고자 한 하늘의 별은 사물 중 하나가 아니라 사물의 본질이었다. 탈레스는 만물의 근원이 무엇이며 어디서 시작했는지를 밝히고자 했다. 끝이 있는 유한한 세계에서 영원히 존재하는 실상을 찾아 헤매다가 그만 허상의 세계에 빠지고 만 것이다.

철학의 한계가 바로 여기에 있다. 철학은 떠도는 구름처럼 하늘을 이야기하건만 정작 이 땅의 것을 놓친다. 진중하게 본질을 탐구하겠지만 현실을 떠나기가 쉽다. 삶의 본질을 이야기하면서 삶과 동떨어진다면 결국 공허한 울림이 될 뿐이다. 내일을 말하는 것은 오늘을 위해서이고, 내일의 전망을 통해 지금 더 나은 삶을 살기 위함이다. 그래서 바울은 초월과 내일, 미래를 꿈꾼다는 핑계로 일하지 않고 다른 성도의 짐이 되어 버린 사람들을 향해 말한다. "누구든지 일하기 싫어하거든 먹지도 말게 하라"(살후 3:10).

철학이 웅덩이에 빠지면서도 계속해서 하늘을 꿈꾼다면, 대다수의 사람들은 물도 담지 못하는 웅덩이를 만드는 일에 열을 올린다(렘 2:13). 그것도 모자라 누가 더 넓고 깊은 웅덩이를 건설했는지를 자랑한다. 마치 그것이 하나님이라도 얻은 일인 양 으스대면서 말이다. 순간에 지나지 않는 이 땅이 마치 전부인 것처럼 살아가는 사람들의 모습이 그러하다. 하지만 구원은 웅덩이를 잘 만드는 기술에 있지 않다.

스스로 웅덩이에 빠지는 철학과 달리, 주님은 우리를 웅덩이에서 건져내시는 분이다. 오병이어 사건은 예수가 하늘의 양식을 주시는 분임을 계시한다. 거센 풍랑과 바람을 말씀 한마디로 잠잠케 하신 사건은 그분이 곧 창조주임을 나타내고, 죽은 소녀를 '달리다굼'

한마디로 살려내신 사건은 그분이 생명의 주임을 선언한다. 주님은 나면서 눈먼 자의 눈을 밝힘으로 자신이 참 빛임을 입증하신다. 그분은 황무지에 장미꽃을 피우고, 광야에 길을 내고, 사막에 시내가 흐르게 하신다.

예수를 믿는 것은 하늘 없는 웅덩이에 빠져 사는 것이 아니다. 하늘만 바라보다 웅덩이에 빠지는 것은 더더욱 아니다. 주님의 웅덩이에는 깊고 충만한 하늘이 담겨 있기 때문이다. 우리는 하늘을 담는 웅덩이가, 주님을 닮아 맑은 물이 흐르는 시내가 되어야 할 것이다.

앎과 사랑의 경계

아는 것과 사랑하는 것

어떤 사람으로부터 이런 질문을 받았다. "기독교인이 아니면서도 하나님을 믿을 수는 없나요?" 그의 물음은 하나님이 절대자이고 초월자라는 사실은 믿지만, 기독교인이 아닐 수도 있느냐는 말이었다. 그 물음에 대한 대답은 부분적으로는 가능하다는 것이다. '신을 안다'는 논리는 일시적이기 때문이다.

영국의 전설적인 철학자이자 무신론자였던 앤서니 플루(Anthony Flew)는 오랫동안 신의 존재를 부정하던 주장을 뒤엎고 신이 있음을 인정했다. 무신론을 버리고 유신론으로 전향한 것이다. 하지만 그가 하나님의 존재를 인정했다고 해서 그리스도인이 된 것은 아니다. 이것이 그리스도인으로 넘어가는 한 과정이 될지, 아니면 그의 최종

정착지가 될지는 아직 예단할 수 없다.

또한 유신론자에서 그리스도인으로 회심한 사람들도 있다. 성 아우구스티누스가 좋은 예다. 그는 오랫동안 마니교(Manichaeism)라는 이원론적 절대 체계를 신봉했다. 선한 하나님만으로는 세상에 뚜렷이 존재하는 악과 죄를 설명할 수 없기에, 그는 선과 악, 빛과 어둠의 영원한 대립과 갈등을 주장했다. 하지만 그 체계가 깨지고 난 후, 그는 한동안 회의주의(Scepticism)에 빠졌다가 플라톤주의(Platonism)를 통해 유신론에 다다른 뒤 끝내 그리스도인이 되었다. 플라톤적 유신론이 예수 그리스도를 받아들이는 징검다리 역할을 한 셈이다.

우리에게 『나니아 연대기』로 잘 알려진 C. S. 루이스도 마찬가지다. 그도 아우구스티누스와 유사한 이유로 하나님을 부정했다. 그러다가 『반지의 제왕』의 저자 J. R. R. 톨킨 등, 친구들의 도움으로 하나님의 존재를 인정하게 된다. 그러나 그때에 그는 일반적 유신론자가 됐을 뿐이었다. 그래서 그는 훗날 회고록에서 "기독교가 아닌 순전한 유신론으로 회심했다"고 고백한다. 몇 년이 지나고 나서야 그는 그리스도인이 되었고, 이후 20세기 최고의 기독교 변증가가 된다.

인간은 그저 신의 존재를 인식하는 것으로 만족할 수 없다. 아우구스티누스의 고백처럼 하나님이 우리를 창조하셨으므로 우리는 그분 안에서 안식을 누리기까지 쉼을 얻을 수 없기 때문이다. 또한 루이스는 자신이 그토록 갈망했던 기쁨을, 세상의 쾌락을 다 준다고 해도 결코 바꾸고 싶지 않은 기쁨을 맛보았다고 말한다.

두 사람에게서 보듯이 유신론은 하나님에게 이르는 필수적인 요소이지만, 아우구스티누스가 그리스도 안에서 발견했던 '안식'이나 루이스가 누렸던 '기쁨'을 제공할 수는 없다. 아우구스티누스는 자신의 말을 아는 사람이 아니라 사랑하는 사람이라야 비로소 이해할 수 있다고 말한다.

　신을 아는 것에서 머물지 말고 신을 깊이 사랑하는 관계까지 나아가야 한다. 나는 당신에게서 '나는 신을 안다'는 일시적인 논리가 아닌, '나는 하나님을 사랑한다'는 기쁨에 겨운 노래를 듣게 되기를 기대한다. 지금 상태에 결코 만족하지 말자. 우리에게는 아직 가야 할 길이 있음으로. 그 길은 우리에게서 그다지 멀지 않다.

신앙의 맹목을 경계하며

신앙과 이성의 관계

"그렇게 묻고 따지면 신앙이 자라지 않는다.", "믿으면 알게 될 테니 일단 믿어라." 교회 안에서 성경에 대해, 신앙에 대해, 교리에 대해 질문하면 듣는 말들이다. 물론 일말의 진실을 갖고 있긴 하지만, 이 말들이 쓰이는 모습을 보면 신앙에 대한 고정된 이미지를 형성하는 듯하다. 그래서 이런 말들은 그리스도인들뿐 아니라 불신자들에게도 신앙은 비이성적인 행위라고 생각하게 만드는 요소로 자리잡았다.

신앙은 이성과 무관하다고 여기는 사람들이 자주 언급하는 말이 있다. "나는 불합리하기 때문에 믿는다(credo quia absurdum est).", "예루살렘과 아테네가 무슨 상관이 있는가?" 이 말의 출처는 초대교회 교부인 터툴리안(Tertulian)이다. 그래서 터툴리안에게는 교회의 반지

성주의를 만든 신학자라는 꼬리표가 붙어 있다. 하지만 당대의 뛰어난 지성인이요, 수사학자였던 터툴리안의 말을 문자 그대로 읽어서는 안 된다. 그 말에 담긴 진실을 깨닫게 된다면 신앙과 이성의 관계를 풀어낼 수 있을 것이다.

그렇다면 정말 신앙과 이성은 무관한가? 이 물음에 대한 대답은 '예, 그러나 아니요.'(Yes but No!)이다. 우선 그런 말을 던진 터툴리안 자체가 이성과 무관한 사람도 아니었고, 맹목적인 신자도 아니었다. 그는 라틴 교부의 시초이자 뛰어난 법률가였다. 철학적으로는 스토아주의(Stoicism)에 영향을 받았고 세네카(Seneca, 후기 스토아학파의 철학자)를 높이 칭찬했다.

하지만 그는 도덕적으로는 엄격했다. 요즘 언어로 정의하면 급진파(Radicals)라고 할 수 있다. 근원이 되는 뿌리까지 집요하게 파고든다는 어원에서 파생된 이 단어에는 '철저하다', '근본적이다', '급진적이다'라는 의미가 담겨 있다. 그랬던 그이기에 교회가 제도화되고, 도덕성이 날로 추락하고, 영적인 기운마저 흐릿해지자 급진적 성령주의인 몬타누스주의(Montanism)로 전향하게 된 것이다. 그래서 믿음과 이성에 대한 그의 말들은 이러한 시대적 분위기와 함께, 신앙의 철저함과 계시의 중요성을 강조하였던 그의 성향에 근거해서 이해해야만 한다.

설핏 터툴리안의 모습은 그의 말에 비추어 볼 때 오류가 많아 보인다. 이성을 사용하여 신학하면서도 이성을 부정하는 발언을 일삼은 것은 논리적으로는 모순이고, 도덕적으로는 위선이기 때문이다. 또한 그는 인간의 영혼에 관한 교설을 전개함에 있어 플라톤을 모든 이단 사상의 원인 제공자(caterer)라고 신랄히 비판하면서도, 한편으로는 스토아학파와 아리스토텔레스를 깊이 의존하는 이중성을 보이기도 한다.

하지만 그의 말은 모순이 아니고 역설이다. 역설(paradox)은 당시 로마의 웅변가들이 자주 사용하던 수사적 표현 방식이었다. 역설은 논리적으로 어긋나는 것을 표현하는 방법이 아니라, 논리로는 도저히 포착할 수 없는 진실을 표현하는 방법이다. 그러므로 역설은 이성으로는 결코 포착할 수 없는 계시의 신비를 표현하기에 뛰어난 방법이다. 하나님의 아들의 십자가와 부활을 인간의 합리적 추론 방식을 따라 말한다면, 불합리의 극치요 불가능 그 자체다.

터툴리안의 표현은 고린도교회에 보낸 바울의 편지에서도 찾을 수 있다. 여기에서도 이성은 설 자리가 없다. "유대인은 표적을 구하고 헬라인은 지혜를 찾으나 우리는 십자가에 못 박힌 그리스도를 전하니 유대인에게는 거리끼는 것이요 이방인에게는 미련한 것이로되 오직 부르심을 받은 자들에게는 유대인이나 헬라인이나 그리스도는 하나님의 능력이요 하나님의 지혜니라"(고전 1:22-24). 이것은 은혜의 역설을 드러내는 바울의 수사학적 표현이다. 그러나 이 말의 근본적인 취지는 십자가 자체가 하나님의 구원 사건이라면 인간 기준의 모든 평가는 뒤집어졌다는 것이다.

터툴리안의 말 역시 당대의 분위기를 반영하는, 바울 사상과 궤를 같이 하는 수사학적 연설이었다. 그래서 터툴리안의 명제를 이해하기 위해서는 '아테네'와 '이성'의 관계를 바로 알아야 한다. 터툴리안이 신앙이 불합리하다고 말한 것은 아테네의 시각을 전제한 것이다. 이는 바울도 별다르지 않았다. 바울이 신앙이 어리석고 미련하다고 말한 것은 유대인과 헬라인의 세계관에 의하면 그렇다는 것이다. 그들의 잣대에서 보면 예수의 십자가와 부활은 터무니없는 것이다. 자신들의 논리 체계에 포섭되지 않는 낯설고 기이한 현상을 그런 언어로 표현한 것이다.

그러므로 말의 요지는 아테네의 이성적 사유 방식으로는 십자가와 부활이 논리적인 일관성을 지니지 못하며, 경험적으로도 현실에 적합하지 않다는 것이다. 그러므로 명백한 진실이지만 이성의 잣대로는 설명이 불가능하다면 패러다임 전환이 필요하다. 예수님의 죽음과 부활이라는 새로운 현상을 기존의 방식으로는 도저히 설명할 수 없고, 도리어 충돌이 생기기 때문이다. 하여 바울은 "육신의 기준으로 보아"(고전 1:26, 새번역) 신앙은 비천하고 멸시받는 것이라 말한 것이다.

최춘선 할아버지에 대한 다큐멘터리를 한 번쯤은 보았을 것이다. 겉으로 보기에 그의 모습은 광신자의 전형이다. 맨발로 지하철을 다니며 도무지 알아들을 수 없는 말을 하는 그를 향해 세상은 차가운 시선을 보낸다. 어떤 사람들은 그가 전 재산을 나누어 준 것을 두고 수군거리기도 한다. 평범한 사람들의 눈에 비친 그의 모습은 영락없는 광인(狂人)이다. 이처럼 어떤 관점으로 보느냐에 따라 그의 행동은 광신일 수도 있고, 참 신앙일 수도 있다.

그렇다면 '신앙은 비이성적인가'라는 물음에 대해, 이성의 견지에서는 "예"라고 답해야 할 것이다. 그러나 다른 한편으로 그 대답은 "아니요"이기도 하다. 우리를 구원하시는 하나님의 능력과 지혜의 자리에서 보면 신앙은 이성적이기 때문이다. 그래서 바울은 하나님의 어리석음과 인간의 지혜를 강렬한 표현으로 대조한다. 인간의 지혜로 하나님마저 어리석다면 '그것이 어떻게 지혜냐'라고 되묻는 것이다. 그러므로 지혜에 대한 하나님의 관점으로 인간의 지혜를 평가해야 마땅하다.

그래서 신앙과 이성이 대립하느냐는 질문에 우리는 "예, 그러나 아니요"라고 답할 수 있다. 신앙은 특정한 형태의 이성과는 분명 대립한다. 그래서 그런 방식으로 묻고 따지면 신앙은 어불성설에 지나지 않는다. 그런 의미에서 신앙을 의심하지 말고 믿으라는 말은 타당하다. 신앙은 그런 식으로 논리를 세우고 관찰한다고 해서 믿어질 수 있는 것이 아니기 때문이다.

그렇다고 신앙에는 어떠한 이성적 요소도 필요하지 않다고 말하는 태도는 옳은 것일까? 도쿄대학교 1학년의 필수과목 교재인 『지의 기법』맺음말의 제목은 '18년 동안의 맞장구치기에서 벗어나자'이다. 참된 지식을 함양하기 위해서는 그저 "예"라고 수긍하는 것에서 벗어나 질문하기를 주저하지 말아야 한다는 것이다. 신앙도 그저 맞장구치는 것이 최선은 아닐 것이다. 그렇기에 우리는 한국 교회의 질문하지 않는 맹목적 신앙의 흐름에 대해 문제의식을 가져야 한다.

신앙은 이성적이지 않으므로 사회의 모든 학문은 필요 없다고 말하는 이들이 있다면, 그러면서 "철학을 조롱하는 것이 진정으로 철학하는 것이다"는 파스칼의 말을 자신의 지성이라도 되는 양 자랑하며 말한다면, 나는 동일하게 그 말을 인용한 철학자 바이셰델의 말을 들려주고 싶다. "이러한 말은 파스칼처럼 매우 어려운 철학을 한 사람만이 말할 자격이 있다."[1]

신앙은 이성과 대립한다. 대신 그 말에 잇따르는 조건은 특정한 형태의 이성이어야 한다. 곧 터툴리안이 말한 아테네, 근대적 합리성과 계몽주의, 과학적 실증주의와 같이 신앙의 존립 자체를 부정하는 이성이다. 그런 의미에서 신앙은 이성과 대립한다. 다만 우려하는 것은 이 때문에 얼토당토 않는 이야기들이 신앙이라는 이름으로 정당화되는 것이다. 그리스도인이 이성과 대립되는 신앙을 말하려면 바울처럼, 파스칼처럼, 터툴리안처럼 먼저 깊이 알고 배워야 할 것이다.

---

1. W. Weischedel, 『철학의 뒤안길』, 이기상 역, 서광사, 1991, 196쪽

신앙은 신앙을 의심한다

건강한 의심의 종착지

사무엘서에는 신앙에 대한 정형화된 이미지와는 전혀 다른 모습이 나온다. 사울에게 하나님의 영이 임하자 무섭게 분노를 터뜨린 것이다(삼상 11:6, 새번역). 우리는 성령의 성품을 아홉 가지 열매로만 제한하려는 전제에 사로잡혀 있다(갈 5:22-23). 그래서 순전함이 아닌 순진함으로서의 착함, 조용하고 숫기조차 없는 성품을 기독교적 성품이라고 생각한다. 그런 우리에게 하나님의 영이 임했는데 분노가 폭발하는 예기치 못한 모습은 선뜻 이해하기 어려운 것이다.

이런 경우 의문을 덮어두거나 내버려 두기보다는 우리의 기존 전제를 재고해야 마땅하다. 그것이 베뢰아 사람들이 했던 일이었다(행 17:11). 그들은 바울의 말을 열정적으로 받아들이면서도 진실성 여부를 알아보기 위해 날마다 성경을 연구하였다. 만일 오늘날 베뢰아 사람들처럼 누군가의 설교에 대해 의문을 갖고 성경을 파고든다고 하면 목회자나 교인들의 공공연한 비판과 따가운 시선을 피하지 못할 것이다.

이렇듯 의심을 신앙과 적대적인 요소로 간주하려는 데는 몇 가지 요인이 작용한다. 그중 하나는 신앙에 대한 오해다. 물론 신앙의 세계는 순종하지 않으면 이해할 수 없는 세계이긴 하지만, 의심에 대한 정당한 이해 없이 그 논리에 의해 좌우되는 경우가 많다. 믿으면서도 의심하고 질문할 수 있는데도 말이다. 부활하신 주님을 만나 엎드려 경배하면서도 그들 중 일부는 여전히 의심하였다(마 28:17). 하지만 그런 그들에게도 지상명령이 주어지지 않았는가? 순종이 신앙의 토대인 것은 맞지만 그렇다고 전부는 아니다.

또 다른 요인은 외부의 도전이다. 특히 근대 철학은 확실성을, 과학은 실증적 사실을 지향하며 종교에도 동일한 신념을 요구했다. 실험을 통해 입증 가능한 것만이 진리라는 그들의 시각에서 보면 종교는 미신에 불과하다. 프랑스 철학의 맥을 계승하는 철학자 폴 리쾨르(Paul Ricoeur)가 '의심의 대가'라고 명명한 니체, 마르크스, 프로이트는 근대 철학의 방법론과 지향점을 극명하게 보여 준다. "신은 죽었다!"라고 선언하는 19세기 실존주의 철학의 외침은 하나님마저 의심의 대상으로 설정했다. 그것은 교회에게 큰 위기와 도전으로 다가왔고, 자연스레 방어적인 자세를 취하게 만들었다.

또한 의심에 대한 불신은 철학과 이성의 방법이지 신앙의 영역이 아니라는 간편한 구분법 때문이다. 권위와 진리 일체를 철저히 의심한 후에야 받아들이겠다는 데카르트적 사유는 '이해하기 위해 믿는다'는 아우구스티누스의 명제와 '이해를 추구하는 신앙'이라는 안셀름(Anselm von Havelberg)의 공식과는 정반대임에는 틀림없다. 그러다 보니 의심하는 이성은 신앙을 맹목적인 것으로 몰아붙이고, 순복하는 신앙은 이성을 공허한 것으로 쏘아붙이며 적대적인 관계가 되고 말았다.

이러한 사정은 의심에 관한 기독교 서적을 들추어 보아도 비슷하다. 대표적으로 오스 기니스(Os Guinness)는 의심을 나누어진 마음으로 정의한다. 그는 『회의하는 용기』에서 믿음이 한마음으로 신뢰하는 것이라면 불신은 한마음으로 거부하는 것이고, 의심은 둘 사이에서 흔들리며 양다리를 걸치는 것이라고 말한다. 이런 정의에 따르면 의심은 신앙도 아니지만 그렇다고 불신앙도 아니다. 기니스의 설명에서 주목할 대목은 회의를 불신으로 치부하지 않았다는 것이다. 의심이 신앙을 되레 악화시킨다는 기존의 고루한 관념에 비하면 큰 진보이지만 아직도 가야 할 길이 멀다.

이에 대한 나의 견해는 의심은 신앙의 일부이고 신앙은 스스로를 의심한다는 것이다. 비유하자면 의심은 담을 건넌 다음에 버리고 가야 할 사다리가 아니라 다리 그 자체다. 사다리는 버릴지언정 다리는 포기할 수 없다. 하지만 확신에 이르기까지 의심을 수용하는 것만으로도 버거운 일인데 아예 의심 자체를 신앙으로 받아들이라니, 다소 지나친 말이라 생각할 수도 있을 것이다.

여기에 답하고 싶은 말은 첫째, 의심은 신앙의 일부이지 신앙의 전부는 아니라는 것이다. 의심이 언제 어디서나 정당한 것은 아니다. 예컨대 부자 청년과 율법사, 니고데모는 두 마음을 품었다. 부자 청년은 예수를 따르고 싶은 마음과 재물에 대한 집착이라는 두 마음 사이에서 결국 제자가 되지 못했다. 의심을 넘지 못하고 의심에 함몰된 것이다. 참된 믿음은 의심을 포함하지만 언제까지나 의심에 머물러 있지 않는다.

둘째, 성서에 나타난 하나님의 사람들도 의심하였다. 구약만 해도 대표적으로 엘리야, 예레미야, 하박국, 요나가 있다. 엘리야는 갈멜산 승리 이후에 낙담하여 영적 침체를 겪고 하나님의 처사에 대해 항변한다. 예레미야는 자신을 부르신 하나님의 선택에 불평을 쏟아놓고, 하박국은 하나님의 섭리에 저항한다. 요나는 하나님의 뜻을 알면서도 끝까지 투덜거린다. 그리고 시편의 기자는 세상사 돌아가는 모습을 보면서 고개를 갸우뚱하고 분노를 터뜨리기도 한다. 이 모든 것은 그들이 두 마음을 품어서라기보다는 깊은 신앙에서 비롯된 질문이고 도전이라고 볼 수 있다.

셋째, 우리 시대의 바람직한 교회는 의심하는 구도자를 요청한다는 것이다. 종교학자들은 종교 타락의 한 징조가 맹목적 복종이라고 말한다. 그런데도 교회는 맹목적인 신앙이 마치 신앙의 표준인 양 오도하고 있다. 그것이 성서의 권위에 뒷받침되는지, 교회의 유구한 전통에 부합한지, 도덕과 윤리에 어긋나는 것은 아닌지, 논리와 이성에 비추어 제대로 설명이 되는지를 검토해야 한다. 하다못해 초보적인 상식이라도 작동시켜야 한다.

함석헌 선생은 "생각하는 백성이라야 산다"고 말했다. 이 말을 뒤집어 보면 생각하지 않으면 망한다는 것이다. 다만 주의할 것이 있으니, 의심은 무엇인가를 아는 사람이라야 할 수 있다는 것이다. 신앙에 대한 깊이 없이 질문을 무기 삼아 던져서는 안 된다.

결론적으로 신앙은 신앙을 의심하므로 신앙을 지닌 자가 의심하는 것은 자연스러운 일이다. 의심은 배척하거나 정죄해야 할 무엇이 아니라 신앙의 일부로 환영해야 마땅하다. 오히려 의심 없이 믿는 것보다 의심하면서 믿는 것이 영적으로 더 건강하다. 이 같은 건강한 의심의 최종 도착지는 순종이다. 율법사의 질문과 도전에 대한 예수님의 최종적인 답변은 가서 행하라는 것이었다(눅 10:37). 의심은 신앙이 살아 있다는 증거이며, 영적 성장을 위한 중요한 발판임을 기억해야 할 것이다.

서로를 통하여
자신을 보다

철학과 신학의 관계

신앙을 대변하는 신학과 이성을 대표하는 철학 사이에는 갈등과 긴장이 면면히 흐르고 있다. 근자 들어 이런 경향이 더욱 강화되는 듯하다. 이처럼 서로에 대한 노골적인 반감과 불신은 각각의 고유한 성격에서 비롯된다는 것이 하나의 진단이다. 곧 양자의 언어와 문법, 관점, 경험, 전통 등이 확연히 다르다는 것이다. 그러다 보니 서로를 오해하는 경우도 많아졌다. 진화론은 전투적 무신론자들의 결집소라고 생각하여 비난하고, 창조과학은 기독교의 정통 입장으로 인식되어 기독교 자체를 폄하하기 일쑤다.

하지만 양자는 구별될 뿐 차별되지 않는다. 서로 금을 긋고 여기는 내 영토이니 함부로 건너오지 말라고 으름장을 놓기에는 서로

협력해야 할 부분이 많다. 핵 문제와 전쟁, 생명 윤리, 생태계 등의 분야에서 서로의 머리를 맞대고 걸음을 맞추어야 할 일이 많다는 것이다. 어느 누구도 완벽하지 않기에 서로 격려하고 때로는 건강한 비판도 해야 한다. 왜 서로가 서로를 보완해야 하는지는 각 학문의 방법론을 검토하면 알 수 있다.

우선 신학부터 말하자면, 신학의 방법론은 믿음이다. 믿음으로 믿음에 이른다는 사도 바울의 명제는 신앙의 본질과 방법을 일러준 것이다. 하나님을 알고자 하는 자는 하나님을 믿지 않으면 안 된다. 마태복음에 기록된 두 사람의 태도를 비교해 보면 선명하게 알 수 있다. 한 사람은 자기 하인을 고쳐 달라고 간청했던 백부장이다. 그는 주님이 몸소 오실 필요가 없이 말만으로 충분하다고 말하였다. 결국 예수님에 대한 믿음으로 하인은 치유를 받게 되었다.

또 한 사람은 예수님 앞에 나와 영생을 얻기 위해 필요한 일이 무엇인지를 물었던 부자 청년이다. 예수님의 대답은 재물을 모두 나눠 주고 나를 따르라고 것이었으나 청년은 근심하며 떠났다. 그는 예수님을 도덕적 규범을 가르치는 뛰어난 랍비로 생각했다. 그래서 마태복음에 그렇게도 많이 등장하는 엎드려 절하거나 경배하는 등의 자세를 전혀 취하지 않았던 것이다. 그는 먼저 믿은 것이 아니라 요모조모 따져보고 믿으려고 했다. 이것은 곧 믿음이 없으면 결코 알 수 없는 신앙의 세계를 보여 주는 것이다.

이처럼 신학은 믿음에서 시작하지만 잘못하면 미신과 맹신에 빠지기 십상이다. 교리는 우리가 믿는 바를 체계적으로 진술한 것이다. 영어로는 '도그마'(dogma)라고 하는데 여기에는 올바른 믿음의 길을 걷게 한다는 뜻과 함께 '독단'이라는 뜻도 내포하고 있다. 움베르토 에코(Umberto Eco)가 『장미의 이름』에서 윌리엄 수사의 입을 빌어 한 말 "진리를 위해 죽을 수 있는 자를 조심하라"는 교리가 독단으로 변질되는 역사적 경험의 토대에서 나왔다. 여기에 나는 "진리를 위해 남을 죽이려는 자를 조심하라"고 덧붙이고 싶다. 사회와 문화에 지나치게 배타적이고 독선적인 태도를 취하는 근본주의자들을 향한 비판이다. 그들은 신앙의 명목으로 온갖 살인과 테러, 전쟁도 정당화한다. 의심과 질문은커녕 일말의 관용이나 대화도 없다.

바로 이 부분에서 신학은 철학을 절실히 필요로 한다. 철학의 방법론적 기초는 의심이기 때문이다. 우리가 알고 있다고 자신하는 것에 대해 알고 있는 것이 정말 맞는지 되묻는 것이다. 근대 철학의 아버지라 불리는 데카르트가 좋은 모범이다. 그는 세상이 바뀌어도 흔들리지 않을 확고부동한 절대 진리를 추구하였다. 그러기 위해서 당시에 진리라고 믿고 있던 일체의 사상을 모조리 의심하였다. 그런 다음에도 도저히 의심할 수 없는 것이 있다면 그것에서부터 학문의 기초를 세워야 한다고 보았다. 그래서 남은 것이, 의심하는 자기 자신이고 생각이었다. "나는 생각한다, 고로 나는 존재한다."

그러므로 의심을 통해 "왜 나는 부처나 공자가 아닌 예수를 믿고 있는가"라는 고차원적인 질문에서부터 "왜 나는 주일 성수를 해야 하는가"라는 세세한 문제까지 물음을 던질 수 있는 것이다. 이는 의심을 위한 의심이 아니라 신앙의 확신에 이르기 위한 의심이다.

우리는 '의심의 해석학'의 세 대가인 마르크스, 프로이트, 니체를 통해 신앙 안에 똬리를 틀고 있는 이기심, 욕망, 의지의 근원을 파악할 수 있고, 무엇을 부인하고 택해야 하는지 구체적으로 알 수 있다. 마르크스는 진리 이면에 경제적 이해관계가 도사리고 있다는 것을 일깨워 준다. 프로이트는 성적인 욕망과 아버지와의 관계를 들추어내서 성(性)이 성(聖)에 얼마나 큰 영향을 미치는지 주지시킨다. 니체는 인간의 권력 의지가 종교 한 복판에서도 강력하게 작동하고 있음을 적나라하게 폭로한다. 정상을 향한 수단으로 변질된 종교를 이보다 더 예리하게 말할 수는 없을 것이다. 이처럼 철학의 이성 작용과 방법은 기독교 신앙이 독선으로 흐르는 것을 가로막는다.

마찬가지로 철학과 이성은 신학과 신앙에게 배워야 할 것이 있다. 데카르트의 의심은 결국 니체의 '허무'와 포스트모던의 '해체'에 다다른다. 그는 의심을 통해 확신에 이르고자 했지만 정반대 지점에 도달하고 말았다. 의심하고 있는 '나'라는 주체만은 부정할 수 없으리라 여겼는데, 위에서 언급했던 세 대가에 의해 무참히 무너지고 만 것이다. 의심은 의심을 낳을 뿐, 의심할 수 없는 것에 도달하지 못한다. 끝없는 의심과 부정만 있을 뿐이다. 그러기에 철학에게도 신앙이 필요하다.

물론 둘의 관계를 구분하거나 정의하는 일은 여간 복잡한 것이 아니다. 하지만 신학은 의심하고 철학도 신뢰해야 하므로 둘은 상호보완적인 관계다. 각자의 고유성을 지니고 있으면서도 상대의 약점을 지적해 주고 장점은 배워야 한다.

종합해 보면 '이성'은 신앙이 확신에서 절대적 독단으로, 자기 자신을 우상화하지 않도록 하는 경종이다. 한편 '신앙'은 의심하는 이성이 공허에 함몰되지 않도록, 자기 자신을 파괴하고 해체하지 않도록 하는 지지대 역할을 한다. 이성은 믿는 법을 배워야 하고 신앙은 생각하는 법을 더 배워야 할 것이다.

2부 그리스도인의 존재와 의미에 대하여

참된 행복은
어디에서 오는가

허무라는 인간의 운명에 맞서

해 질 무렵 창밖으로 푸름을 뒤로 한 채 떨어지는 낙엽을 보고 있자니, 불현듯 생의 마지막에 대한 비감에 잠겼다. 사실 인간이라면 도리 없이 맞게 되는 죽음에 대한 공포와 허무는 누구도 피해갈 수 없다. 죽음이 없다면 그 어떠한 문제도 일어나지 않는다는 말은 결코 우스갯소리가 아니다. 인생의 수많은 문제와 한계들은 인간이 죽는다는 데서부터 비롯되기 때문이리라. 이러한 삶에 대한 성경의 결론은 간단하다. "헛되고 헛되며 헛되고 헛되니 모든 것이 헛되도다"(전 1:2).

성경에서 '헛되다'라는 말의 히브리어는 '헤벨'이다. 헤벨은 인생의 무상함을 알려 주는 말이다. 세상 최고의 지혜자요, 부자였던 솔로몬은 삶을 마무리하면서 인생은 결국 헤벨, 곧 바람을 잡는 것과 같다고 말한다. 삶이란 하루아침에 나타났다 사라지는 안개에 불과하기 때문에 결코 잡히지도 않고 잡을 수도 없다.

그렇다면 우리가 살면서 얻은 것은 무엇이며, 잃은 것은 또한 무엇이란 말인가? 애당초 우리는 빈손으로 이 세상에 왔다. 우리가 누리는 모든 것은 하나님의 선물이고, 그분이 맡겨 주신 것을 잠시 사용하는 것뿐이다. 그래서 전도자는 해 아래서 겪는 인생의 수고도 모두 헛되다고 말한다. 일생 동안 뼈가 부서지고 허리가 휘도록 수고하여도 그 모든 것은 한낱 무익한 것에 지나지 않는다. 하나님 없는 삶에서는 아무것도 건질 것이 없다.

이처럼 인생은 허무하지만, 동시에 역설적이다. 창세기에서 '아벨'이라는 이름의 원어는 '헤벨'이다. 분노에 사로잡힌 형 때문에 인류 최초로 죽음을 맛본 사람, 그가 헤벨이라는 사실은 기가 막힌 역설이 아닐 수 없다. 그런데 히브리서에서는 믿음의 영웅들을 언급할 때 형의 손에 허무하게 죽은 아벨을 가장 먼저 말한다. 그는 허무하게 죽었으나, 그의 삶과 죽음은 결코 '헤벨'이 아니었다고 말한다. 왜냐하면 나중 된 자가 먼저 되고, 애통하는 자가 위로를 받는 그날, 그는 살아날 것이기 때문이다.

그리스도께서도 아벨처럼 죽었으나, 살아나셨다. 그분은 쇠퇴와 소멸에 사로잡혀 삶의 종노릇하는 우리를 해방시키신다(롬 8:21). 그래서 그리스도 안에서의 인생은 '헤벨'이 아니라 '아벨'이다. 우리의 인생은 주 안에서 '바람'(루아흐)이 아니라 '성령'(루아흐)이다. 그러니 모든 것이 헛되지 않고, 모든 것에 의미가 있다.

예수 그리스도의 부활을 통해 죽음마저도 극복되었으므로 죽음은 끝이 아니라 새로운 시작을 위한 과정의 일부다. 부활 없이 죽음을 바라보면 한치 앞도 분간할 수 없는 삶에 무력함을 느끼거나 주체할 수 없는 슬픔에 젖어든다. 하지만 이제 우리의 죽음은 더 이상 끝이 아님을 기억하라. "사망아 너의 이기는 것이 어디 있느냐 사망아 너의 쏘는 것이 어디 있느냐"(고전 15:55).

근원적인 죽음의 공포와 불안에서 해방된 우리는 영생을 누린다. 그리스도 안에서 우리는 더 이상 죽음의 공포를 겪으며 살지 않고 생명을 누린다. 생명을 노래하고, 나아가 다른 사람들에게도 그 생명을 나눈다. 해 아래에서 하는 모든 일들이 헛되지만 해 위에서는 의미가 있다. '해 위에서'라는 말은 세상을 등지고 살라는 의미가 아니라, 해 위의 시선으로 해 아래의 세상을 살라는 것이다. 그러한 세계관에서 인생은 결코 소멸의 과정이 아니라 영생에 이르는 과정이다. 죽음 앞에서는 모든 것이 헛되지만, 예수 안에서는 모든 것이 소망이 된다. 생명과 죽음의 열쇠는 그의 생명이 우리 안에도 있느냐에 달려 있다. 지금, 당신 안에는 예수의 생명이 있는가?

우리는 불완전하지만

사랑하면 열리는 새로운 길

매주 예배당 꽃꽂이를 해주는 집사님이 있다. 다른 교회에 다니지만 하나님을 섬기고자 하는 마음과 가족을 위한 기도 때문에 주말이면 어김없이 와서 봉사를 한다.

그분이 어느 날은 아들의 신앙 문제에 관해 상담을 하려고 전화를 하였다. 아들은 공부도 퍽이나 잘하고 외모도 준수해서 촉망받던 청년이었는데, 갑작스레 찾아온 우울증으로 고생을 하며 재수를 하고 있었다. 교회라도 다니면 좋으련만 아들은 교회 가기를 한사코 거부한다 했다. 그토록 교회를 거부하는 이유를 들어 보니, 교회에 다니면 성경 말씀대로 모두 지키며 살아야 할 텐데, 자신은 도무지 그렇게 살 자신이 없다는 것이다.

나는 이 말을 듣고 부끄러워지던 마음을 감출 길이 없었다. 말씀을 연구하며 실천하고 가르치는 일에 온전히 삶을 던졌던 에스라처럼 되는 것이 평생의 꿈이었던 터라, 예수 믿으면 한 말씀도 빠트리지 않고 지켜야 하는 것 아니냐는 청년의 말에 얼굴이 화끈 달아올랐던 것이다. 믿는 사람들 중에 이 정도의 결의로 믿음의 길을 가는 사람들이 얼마나 될까 싶다. 오히려 울타리 밖에 있는 사람들이 더욱 충실하게 말씀을 받아들이며 삶을 살아내는 모습을 어렵지 않게 볼 수 있다.

이를테면 예레미야 시대의 레갑 족속이 보여 준 신앙의 모범을 기억해 보자. 이스라엘 백성들이 하나님의 말씀에 끝까지 불순종했던 데 반해 레갑 족속은 아브라함의 혈통은 아니었지만 누구보다 하나님의 말씀에 철저히 순종하였다. 또한 성경이 아닌 다른 삶의 모범도 있다. 많은 기독교인이 산상수훈의 가르침, 곧 비폭력 평화주의는 개인의 내면세계에서나 가능한 것이지 공적인 사회 영역에서는 불가능하다는 남루한 말을 하고 있을 때, 이교도 마하트마 간디는 그 말씀을 철저히 믿고 실천했다. 우리가 이런 사람들 앞에서 달리 무슨 말을 할 수 있겠는가?

하지만 이토록 불완전한 존재인 우리에게 하나님은 새로운 길을 열어 주셨다. 구약의 핵심 사건인 출애굽은 하나님이 온갖 사회적 질곡과 억압으로부터 인간을 해방시키신 사건이고, 예수님 역시 죄에 사로잡힌 이 세상에 오셔서 진리로 자유롭게 하는 새 길을 주셨다. 이처럼 기독교는 구속(拘束)의 종교가 아니라, 구속(救贖)의 종교인 것이다.

그래서 예수님은 안식일, 성전 등을 금과옥조(金科玉條)로 여기며 문자적으로 철저히 실천하는 바리새인들과 제사장들로부터 혹독한 시련을 당하셔야만 했다. 율법은 본래 하나님의 은혜로 주어진 선물인데, 시간이 흘러 어느 순간 인간을 얽매는 수단으로 전락한 것이다. 그래서 "수고하고 무거운 짐 진 자들아 다 내게로 오라 내가 너희를 쉬게 하리라"(마 11:18)는 말씀에는 구원의 길에 너무 많은 규정을 두어 스스로를 속박하는 자들의 짐을 벗겨 주신다는 의미가 담겨 있다.

물론 자유와 해방을 말하는 기독교의 진리가 합리화의 수단으로 전락할 수 있는 가능성을 간과해서는 안 되지만, 그래도 대답할 말은 있어야 하겠다. 자성이 지나치면 자학이 되기 때문이다. 먼저 계명을 지키는 것은 마땅한 일이다. 예수님은 율법을 폐기하기 위해서가 아니라, 완전하게 하러 오셨기 때문이다. 그러므로 예수 믿으면 말씀을 다 지켜야 한다던 그 청년의 말은 옳다.

하지만, 어느 누구도 율법을 온전히 지킬 수는 없다. 예컨대 우리가 지켜야 할 계명이 백 가지라고 하자. 만일 그중에 한 가지라도 어긴다면 그는 율법을 위반한 자다. 꼭 몇 번 이상의 죄를 범해야 죄수가 되는 것은 아니다. 횟수와 관계없이 한 가지라도 죄를 저질렀다면 죄인으로서의 충분한 조건은 갖춘 셈이다.

하나님의 계명도 이와 같다. 단 하나를 어겼다 할지라도 그는 죄인이다. 모든 계명을 온전히 지키는 일은 인간의 굴레를 쓰고 있는 한 불가능한 이상일 뿐이다. 누구든지 율법 전체를 지키다가도 한 조목에서 실수하면, 전체를 범한 셈이 되기 때문이다(약 2:10). 그러므로 "모든 사람은 죄인이다"라는 말은 경험적으로 타당하다. 그렇다면 인간에게 남아 있는 가능성은 아예 없는 것일까?

그러나 예수님은 절망에 빠져 있는 인간에게 율법을 지키는 길을 일러주셨다. 사랑, 그것이 모든 것의 길이며 대답이다. 문자에 얽매여 사람들을 속박하는 바리새인들에게 예수님은 두 번씩이나 호세아서의 말씀을 인용하신다(마 9:13; 12:7). "내가 바라는 것은 변함없는 사랑이지, 제사가 아니다. 불살라 바치는 제사보다는 너희가 나 하나님을 알기를 더 바란다"(호 6:6, 새번역).

마태복음 전체의 맥락 속에서도 예수님이 완성하시려는 율법의 요점은 자비이며, 율법을 성취하는 과정 역시 자비다. 그러기에 하나님께 용서받은 자로서 다른 사람을 기꺼이 용서하게 해달라고, 일만 달란트를 탕감 받은 자로서 백 데나리온 빚진 자를 언제든지 용서할 수 있는 자비를 달라고 오늘도 우리는 주기도문으로 기도하는 것이다.

바울은 이러한 예수님의 가르침을 오롯이 따른다. 사랑은 율법의 완성(롬 13:10)이며, 남을 사랑하는 것은 모든 율법을 지키는 일이라고 말한다(롬 13:8). 이 말씀은 그리스도인들이 원수 같은 이웃을 만났을 때 어떻게 대해야 하는가를 언급하는 부분이다. 하나님이 당신의 원수 된 우리를 자녀로 삼으신 것처럼, 우리도 그 사랑을 세상에 고스란히 내보내야 한다. 이것이야말로 우리의 삶을 통해 하나님의 뜻을 이루는 것이며, 그로써 모든 율법을 완성하는 일이다.

야고보도 별반 다르지 않았다. 그는 "긍휼을 행하지 아니하는 자에게는 긍휼 없는 심판이 있으리라 긍휼은 심판을 이기고 자랑하느니라"(약 2:13)고 말했다. 남을 불쌍히 여기고 돌보려 하는 마음이 율법의 정수(精髓)이기에 타인의 잘못을 들추거나 함부로 정죄하지 않아야 한다. 도리어 사랑은 모든 심판을 능가하며, 그 사랑만이 우리를 자유롭게 한다. 율법이 우리를 자유롭게 하는 까닭은 율법이 곧 사랑이기 때문이다. 사랑하면 모든 계명을 다 지킨 것고 마찬가지다. 그러므로 사랑이 없는 계명 준수는 자신에게 아무런 유익이 없는 법이 될 뿐이다(고전 13:3).

성 아우구스티누스는 알고 있는 것이 아니라 사랑하는 것이 곧 우리 자신이라고 말했다. 우리는 자신이 알고 있는 것, 그리고 그것을 말하는 행위가 우리의 존재를 드러낸다고 착각할 때가 많다. 하지만 무엇을 아느냐가 아니라, 무엇을 사랑하느냐가 진정한 우리 자신을 나타낸다. 그렇다면 당신의 사랑은 지금 무엇을, 어디를 향해 있는가?

율법을 결코 다 지킬 수 없던 우리에게 예수라는 새로운 길이 열렸다. 그리하여 사랑하면 모든 율법을 이루는 셈이다. 모든 계명은

단 하나, 사랑이다. 하나님을 사랑하고 이웃을 사랑하는 것, 곧 경천애인(敬天愛人)이 복음과 율법의 절정이다. 다시 한 번 아우구스티누스의 말로 글을 맺는다.

"사랑하라, 그리고 네 멋대로 하라."

구원의 자격

저런 사람도 구원받을까?

매주 수요일이면 나를 찾아오는 형제가 있다. 수요예배를 마치고 잠시 만나 책을 소개해 주고, 읽은 것에 대해 몇 가지 코멘트를 하기도 한다. 중간에 이런저런 신앙적 의문을 묻기도 하는데, 형제가 던진 물음 중 하나는 이러하다. "저런 사람도 구원받았을까요?"

명백히 부정한 사람이 교회를 다닌다고 해서 구원받았다고 할 수 있는지 고민이 된 것이다. 이 청년의 물음은 그리스도인의 거듭남이 과연 무엇을 의미하는지를 되짚어 보게 한다.

한편으로는 그런 질문을 할 수밖에 없는 현실이 눈앞에 펼쳐지고 있다는 것을 인정해야 할 것이다. 그럼에도 나는 그 청년에게 몇 가지 이유를 들어 그 질문이 타당하지 않다고 말했다. 첫째, 구원은 하나님의 주권에 해당하는 영역이기 때문이다. 구원은 아무 이유도, 자격도 없이 거저 주시는 그분의 선물이다(엡 2:8). 그분의 고유한 결정에 대하여 우리가 왈가왈부할 수 없다.

사도 바울은 이것을 가리켜 옹기장이의 주권이라 말한다. 흙으로 어떤 그릇을 만들 것인지, 같은 그릇이라 하더라도 문양과 색은 어떻게 할 것인지는 전적으로 옹기장이에게 달려 있다는 것이다. 만일 이에 대해 의문을 가지고 시빗거리로 삼는다면 그것은 하나님의 주권에 대한 중대한 도전이라고 할 수 있다. 우리가 누구관대 하나님의 권한에 대해 논란을 삼는다는 말인가?

둘째는 인간의 한계 때문이다. 사람이 보는 것과 하나님이 보시는 것이 다르며, 하늘의 시각과 땅의 관점이 말 그대로 하늘과 땅이 먼 것처럼 멀고, 순간과 영원은 같을 수 없다. "사람은 겉모습만을 따라 판단하지만, 나 주는 중심을 본다"(삼상 16:7, 새번역). 우리는 외형으로 판단하는 우를 자주 범한다. 하나님은, 그리고 하늘나라에서는 그렇게 판단하지 않는다. "거기에는 사람을 보고 차별을 하는 일이 없습니다"(골 3:25, 새번역).

물론 인간의 지성과 영성으로 성경을 근거로 미루어 짐작할 만한 충분한 능력이 있는 것도 사실이고, 그리 어긋나지 않는다는 것도 맞다. 만일 인간이 다 틀리다면 그것은 하나님의 영역을 침해하는 것만큼이나 인간을 비하하는 반대의 오류에 봉착하기 때문이다. 게다가 구원은 내적이거나 사적인 것이 결코 아니고, 제자도라고 보는 나로서는 타인의 신앙에 대해 헤아리는 것이 원천적인 문제라고 생각하지 않는다. 그럼에도 인간이라는 존재 자체가 타인의 구원을 가늠할 위치에 있지 않는 것은 분명하다.

셋째, 불건전한 질문이기 때문이다. 누군가 성 아우구스티누스에게 "하나님은 창조 이전에 뭘 하고 계셨나요?"라고 물었다고 한다. 그의 대답이 걸작이다. "그런 질문을 하는 사람을 위해 지옥을 만들고 계셨지." 실제로 지옥을 간다는 말은 저주가 아니라 깨우침의 말이다. 알 수도 없고, 그걸 안다고 해서 달라질 것도 없는 물음은 백해무익하다. 그러니 쓸 데 없는 일에 신경 쓰지 말고 네 할 일이나 하라는 것이다.

넷째, 건강한 일에 집중해야 한다. 우리처럼 베드로는 요한의 장래와 운명에 퍽 관심이 많았던 모양이다. "내가 올 때까지 그가 살아 있기를 바란다고 한들, 그것이 너와 무슨 상관이 있느냐? 너는 나를 따라오너라"(요 21:22). 요한복음이 해설한 바와 같이 방점은 요한이 영원히 산다는 데 있는 것이 아니라 후자, 쓸 데 없는 일에 상관하지 말고 예수를 따르라는 것에 있다. 냉소적으로 표현한다면 '너나 잘해라'는 것이다. 예수님은 베드로의 질문 이면에 요한에 대한 걱정이 아니라 비교 의식이 있었음을 간파하셨다.

예수님은 그런 불건전한 질문을 건전한 사역의 시선으로 이동시키신다. 그 맥락에서 건강한 일이란 주님의 양떼를 먹이는 일이다. 자기에게 맡겨진 양떼가 있다. 이는 저마다 다른 부르심을 받았지만 동일하게 하나님이 맡기신 일에 충성하라는 것이다. 그런 연후에 남을 돕기 위해서 그가 어떤지를 물을 일이다. 타인의 구원 여부에 대해 몰두하는 것은 스스로 높아지고자 하는 심리로, 보이지 않는 열등감에 사로잡힌 탓이라면 지나친 비약일까?

마지막으로 청년의 물음은 반대로 누군가 나를 두고도 그런 질문을 할 수 있으리라는 사실을 상기시킨다. 내가 다른 이를 보면서 '저런 사람도 그리스도인이냐', '어떻게 저렇게 살면서 구원받았다고 할 수 있느냐'라며 혀를 차는 것처럼, 알지 못하는 곳에서 나를 두고 똑같은 물음을 던지는 사람이 있을 수 있다는 것이다.

"저런 사람도 구원받았을까요?" 이 질문에 대한 대답은 우리가 이 땅을 사는 동안 결코 주어지지 않을 것이다. 그러나 대답할 수 있는 이가 있으니, 바로 '나'이다. 나 같은 사람도 구원받았는데, 하물며 그 사람이 구원받지 못할 이유는 무엇이겠는가? 그러니 질문을 '당신'에게서 '나'로 바꾸어야 하겠다. 더 나아가 "나 같은 죄인도 구원받을 수 있나요?"에서 멈춰서는 안 된다. 우리의 마지막 대답은 이와 같아야 하리라. "나 같은 죄인 구원하신 주 은혜 놀라워!"

그리스도인의 존재와
행동을 말하다

전 신자 제사장

10월 31일은 루터가 가톨릭의 면죄부 판매에 항의하는 95개조 반박문을 비텐베르크 대학 교회 문 앞에 게시하였던 역사적인 날이다. 그때가 1517년이었으니 올해는 어느덧 종교개혁 500주년이 된 해다. 천년의 절반에 이르는 시간을 지나는 동안 개혁자들의 후손들인 우리는 루터, 칼빈, 츠빙글리, 메노 시몬스와 같은 믿음의 선조들의 덕으로 보다 성경적인 신앙의 길에 들어서게 되었다.

종교개혁의 이상을 집약하는 몇 가지 문구가 있으니 그중 대표적인 것이 '오직 성서로만'(Sola Scriptura!)이다. 종교개혁 당시에는 문맹률이 90%에 육박했다. 게다가 성경의 언어는 평민들이 사용하지 않았던 라틴어였다. 사제들 중에는 돈을 주고 사제 신분을 산 사람들까지 있었는데, 그들 역시 문자를 몰라서 미사를 집례하는 법만을 겨우 외우거나 그것도 몰라서 제멋대로 떠들었다고 한다. 그래서 종교개혁의 시작을 95개조 반박문이 아니라 루터의 성경 번역에서 찾는 이들도 있다. 독일문학사에도 길이 남을 루터의 번역으로 모든 그리스도인이 성경을 읽을 수 있게 되었다.

포로생활을 마치고 돌아온 이스라엘 백성은 에스라를 통해 하나님의 말씀을 들었을 때 감격하며 울었다. 하나님의 말씀이 하염없이 그리웠던 것이다. 말씀 없이 살았던 지난날에 대한 안타까움, 말씀을 거역하고 살았던 삶에 대한 부끄러움, 그리고 그 말씀을 다시 듣게 된 행복과 기쁨이 한데 섞인 울음이었을 것이다. 종교개혁 당시 독일의 그리스도인들에게 차오른 감정이 바로 이런 것이 아니었을까 짐작해 본다.

또 하나 결코 간과해서는 안 될 종교개혁의 이상이 있으니 그것은 '전 신자 제사장 교리'이다. 단적으로 말하자면 모든 신자는 제사장이라는 것이다. 우리를 왕 같은 제사장이라고 선언한 성경의 가르침은 별개로 하고, 이 교리를 당대 역사적 맥락에서 읽을 필요가 있다. 가톨릭에서 보이지 않는 하나님을 보이도록 중재하고 전달해 주는 매개는 바로 사제와 성만찬이다. 누구라도 하나님의 은총을 덧입기 위해서는 사제가 집례하는 미사와 성만찬에 참여하지 않으면 안 된다.

허나 예수님이 죽으실 때 성전의 휘장이 찢어진 것은 하나님이 계신 지성소에 들어갈 수 있는 특권이 특정한 제사장만이 아니라 모든 하나님의 백성에게 있다는 것을 의미한다. 구약의 지성소는 일 년에 단 한 차례 오는 대속죄일에 오직 대제사장만이 들어갈 수 있는 곳이었다. 사람들에게 닫혀 있던 그곳이 한 사람에서 모든 사람으로, 하루에서 모든 날로 열린 것이다.

그런데 '전 신자 제사장'이란 단어가 우리나라에서는 엉뚱하게도 '만인 제사장'이라는 단어로 통용되고 있다. 'Priesthood of All Believers'라는 문장은 말 그대로 모든 신자가 제자장이라는 뜻이다. 그런데도 왜 굳이 만인이라고 번역했을까? 그리고 만인과 전 신자 사이에는 얼마나 넓은 간극이 있기에 이렇게 면밀하게 짚고 넘어가는 것일까?

일단 이것은 번역상의 실수에서 비롯된 것으로 볼 수 있다. 하지만 이로 인해 파생된 문제는 두 가지로 인해 그다지 간단치 않다. 하나는 신학적 요인 때문이다. 신학자 하워드 스나이더(Howard Snyde)는 루터교나 칼빈의 장로교가 미진하게 개혁한 것 중 하나가 전 신자 제사장 교리라고 지적했다. 슬로건과 달리 내적으로는 여전히 목사가 가톨릭의 사제와 다를 바 없다는 것이다. 이 부분에서 주류 개혁자들은 가톨릭으로 회귀했다.

그중 한 사례가 설교권이라는 명목으로 평신도들에게 하나님의 말씀을 전할 수 있는 자격과 기회를 주지 않는 것이다. 미국 남침례 교회의 경우에는 목사를 세울 때 교인들이 모두 나와서 목사가 되는 이를 위해 안수 기도하는 것이 흔한 일이며, 물론 그것은 성경적이기도 하다. 타 교단에서는 목사를 성직자라는 말로 평신도와 구분 짓는데, 성직자와 평신도를 구분하는 것은 종교개혁자들이 그토록 벗어나려고 했던 가톨릭의 유산이다. 그러므로 말씀을 전하는 것이 성직자만의 권리인 양 주장하는 것은 개신교가 아니라 구교의 행습에 지나지 않는다.

또 하나 지적할 것은 유럽이 당면하고 있던 상황을 배제했다는 것이다. 종교개혁 당시 유럽인들은 모두 그리스도교 신자였다. 가톨릭이든, 프로테스탄트이든 상관없이 말이다. 한 나라의 시민으로 태어나면 유아세례를 받고 교인이 되는 것이 당연하고 자연스러운 일이었다. 한 사람이 태어는 순간, 그는 국가의 시민이 되면서 동시에 교회 회원으로 자동적으로 가입해야 했기 때문이다.

19세기의 위대한 철학자 키에르케고르의 중요한 화두 중 하나는 "나는 어떻게 그리스도인이 될 수 있는가?"라는 질문이었다. 진실한 신앙 고백도 없이 신자가 되는 상황에서 1,800년 전의 역사적 예수가 어떻게 동시대인의 신앙의 대상이 될 수 있는가를 묻게 된 것이다. 이처럼 신학적이고 역사적 맥락에서 보면 '전 신자'라는 단어가 명백한데도 '만인'으로 번역하고 이해하게 된 것이다.

사실 이런 문제는 '종교'라는 단어에서도 찾아볼 수 있다. 이 단어는 경건이나 신앙이라는 본래 뜻과는 달리 신앙 체계와 형식으로서의 종교라는 의미로 고착되었다. 개념을 받아들이는 서양과 동양의 사회적 맥락이 전혀 달랐기 때문에 본의 아니게 발생한 결과다. 서양에서 종교라는 말은 기독교에 대한 분명한 인식이었다. 종교를 갖고 있으면 당연히 기독교이고, 기독교 신자가 아니면 무신론자로 간주되던 것이 서양의 역사다.

독일 신학자 슐라이어마허(Friedrich Schleiermacher)의 『종교론』이 좋은 예가 된다. 그는 종교를 경멸하는 자들에게 종교의 본질을 밝히고 변론하기 위해 그 책을 썼는데, 여기서 종교는 기독교이다. 하지만 우리나라를 비롯한 아시아는 그렇지 않았다. 무속 신앙을 제외하더라도 유, 불, 선이라는 다원적이고 다신적 상황의 동양에서 종교는 기독교와 결코 동일시될 수 없었던 것이다.

여하튼 나의 의도는 만인이냐 아니면 전 신자냐라는 말 자체에 있지 않다. 그것이 생사를 걸고 싸울 만한 차이가 있다고 생각하지 않는다. 다만, 언어 이면에 놓인 교회와 국가를 동일시하던 소위 기독교 왕국 개념을 비판하고자 했던 것이다. 그리고 좀 더 정확한 용어를 사용할 필요가 있다. 모든 사람이 제사장이 아니라, 예수 그리스도를 영접한 신자들이 제사장이다. 믿지도 않는 이들이 어떻게 왕 같은 제사장이란 말인가?

또 다른 하나는 전 신자 제사장 교리가 함축하는 바를 간단히 말할 수 있는 기회로 삼고자 한 것이다. 그 의미는 크게 두 가지다. 첫째, 모든 사람이 하나님께 나아갈 수 있다. 더 정확히 말하면 사제의 중재나 어떤 매개 없이도 '직접' 하나님 면전에 나아갈 수 있다는 것이다. 하나님은 친히 모든 신자의 아버지가 되시고, 하나님과 우리 사이의 유일한 중보와 중재자는 예수 그리스도이시다. 우리는 그분의 이름과 은혜로 하나님 앞에 설 수 있다.

물론 목회자의 도움은 절실하지만 절대적인 것은 아니다. 도움이 필요하지만 의존해서는 안 된다. 물론 어린아이가 건강한 성인으로 자라나기 위해서는 부모의 도움과 영향이 중요하다. 하지만 나이가 찼는데도 독립하지 못하고 여전히 부모에게 의존하는 것은 큰 문제임을 부인할 수 없을 것이다.

마찬가지로 신앙의 연수나 경험을 보면 스스로 음식을 먹을 수 있어야 하는데, 그렇게 하지 못하는 사람들이 많다. 스스로 하나님의 말씀을 읽고 묵상하지 않으면 목회자에게 의존하게 되고, 결국 그것은 중세 가톨릭으로 회귀하는 일이다. 묵상을 그토록 강조하는 것도 바로 그런 연유다. 우리는 자기 스스로 하나님 앞에 설 줄 알아야 한다. 이것이 전 신자가 제사장이라는 말의 첫 번째 의미다.

둘째, 모든 신자가 제사장의 역할을 해야 한다. 앞의 것이 신자의 존재(being)를 규정하는 것이라면, 이것은 신자의 행동(doing)을 말한다. 이것도 두 가지로 구분할 수 있다. 하나는 구약의 제사장처럼 중보하는 신자가 되어야 한다는 의미다. 구약의 제사장들처럼, 그리고 예수님처럼 하나님과 세상 사이를 화목케 하기 위해 중보하는 것은 특별한 소수의 사람의 것이 아니라 모든 신자의 책무다. 전도와 기도를 통해 우리는 제사장적 삶을 살게 된다.

다른 하나는 구약에서 성전이라는 특정한 공간에서만 행해지던 제사가 신약에 이르러서는 일상 전체가, 궁극적으로 신자가 곧 성전이 되었다는 것이다. 그러기에 신자의 모든 행위는 바로 제사요, 예배다. 로마서의 가르침대로 내 몸과 내 몸으로 하는 모든 일이 하나님이 기뻐 받으실 수 있는 예배가 되도록 해야 한다. 가정에서, 직장에서, 캠퍼스에서, 교회에서 우리가 하는 모든 일이 거룩한 예배가 되는 데까지 나아가야 한다.

모든 신자가 교회에서 제사장 노릇을 하는 것은 마땅한 일이다. 신자들이 봉사의 차원을 넘어 그리스도의 몸 된 교회 안에서 각자의 은사와 직책, 사명대로 사역의 지경까지 나아가야 한다. 그저 교인들이 자리만 채우는 것은 하나님이 원치 않으시는 일이다. 신자 한 사람 한 사람이 온전한 성도로 자라는 것은 물론, 목회적 사역에도 동참해야 건강한 교회요, 진정으로 종교개혁의 의미와 가치를 따르는 교회라고 할 수 있다.

헌데, 너나없이 교회 안에서 모든 신자가 제사장의 역할을 해야 한다고 말한다. 하지만 실제 작동하는 메커니즘을 보고 있노라면 이 슬로건을 단지 교회 성장의 한 방편으로 삼는 것은 아닌가 하는 우려를 표하게 된다. 오늘날 교회 안에는 셀이나 목장이니 하는 훈련과 모임이 지나치게 많다. 그러다 보니 너무 교회 안에서만 잔치를 벌이는 것은 아닌가 싶다.

전 신자 제사장이라는 말이 담고 있는 본래 의도대로, 성경의 가르침에 따라 몸으로 하는 모든 일을 단지 교회 안으로만 국한시켜서는 안 될 것이다. 다시 말해, 평신도들의 제사장 노릇을 교회로 제한하여 교회중심주의로 흘러가서는 안 된다는 것이다. 그렇다면 그들의 가정과 직장, 캠퍼스 안에서 제사장의 사명은 누가 감당할 수 있겠는가? 성전 된 자로서 하는 모든 일이 예배가 되게 하는 것, 이것이 전 신자 제사장의 정체요 역할이다.

우리는 어디서 났으며, 어디로 가야 하는가

세상을 변혁하지 못하는 우리는 누구인가

한동대 본관 위편에는 세계 지도와 함께 "Why not change the world?"라는 도발적인 질문이 새겨져 있다. "왜 세상이 변하지 않는가?"라는 물음은 이 땅을 살면서 변혁을 꿈꾸는 그리스도인의 소망과, 그렇게 하지 못하는 그리스도인의 무능을 한데 아우르는 말이리라.

결국 이 물음은 세상에 대한 그리스도인의 책임을 일깨워 준다. 하나님의 선한 창조 세계가 신음하고 있는데, 세상을 돌볼 책임이 있는 그리스도인이 마땅히 해야 할 일을 망각하고 있다는 지적이다. 마치 "거꾸러져 거품을 흘리며 이를 갈며 그리고 파리하여 가는"(막 9:18) 절규의 자리, 곧 산 아래에서 신음하고 있는 고통의 현장을 방치한 채 산 위의 행복에 취해 잠들어 있는 또 다른 베드로를 고발하는 소리다.

  이 물음의 전제들 중 하나는 그리스도인이 세상보다 더 우월한 위치에 있다는 것이다. 도덕적으로나 영적으로, 나아가 존재론적으로 세상과 다르다는 인식이 깔려 있다. 한마디로 '교회는 세상보다 낫다'는 것이다.

  하지만 현실은 전혀 그렇지 않다. 오늘날 그리스도인에게서 세상과 다른 점을 찾기란 매우 어렵다. 지극히 적은 양의 소금 농도로도 바다를 짜게 만드는데 우리는 변혁하고자 하는 세상의 순도보다 늘 2% 부족하다. 기독교인이 인구의 20%를 상회하고, 기독교 정치인이 국회의석의 과반수를 장악해도 예수의 맛과 멋과는 동떨어져 있다. 부끄러운 고백이지만 그리스도인이 불신자들보다 더한 경우도 많다.

  결국 세상이 그대로인 까닭은 내가 변화시키고자 하는 세상이 바로 나 자신이기 때문이다. 내가 세상인데 내가 변하지 않고서야 어떻게 세상을 변화시킬 수 있겠는가? 문제를 일으키는 것도 해결의 주체도 자신이다. 철학의 혁신은 객체에서 주체로의 전환을 통해 이루어졌다. 우주에서 인간을 탐구 주제로 삼은 소크라테스, 객체에서 주체로 인식을 전환한 데카르트와 칸트, 그리고 대상에서 언어로 지평을 확장한 소쉬르와 비트겐슈타인 등은 사회 개혁과 교회 갱신이 어디로 향해야 하는지를 여실히 보여 준다. 곧 개혁의 방향은

'밖'이 아니라 '안'이라고 말이다. 변화의 주체는 '너'가 아니라 '나'이고, '세상'이 아니라 '교회'다. 이것이 모든 변화의 출발점이자 귀결점이다.

무명의 수도승으로부터 전해 오는 이야기가 있다. 한참 꿈을 꿀 나이에 수도승은 이 세상을 바꾸리라 마음먹었다. 하지만 나이가 들자 그것이 너무 허황된 꿈이라는 것을 깨닫고, 우리나라만이라도 바꾸리라 다짐했다. 하지만 그것 역시 뜻대로 되지 않자 동네 정도는 내가 바꿀 수 있지 않을까 생각했다. 그것도 실패하자 마지막으로 가족만이라도 바꾸리라 다짐했다. 이 모든 것이 부질없는 일임을 깨달은 것은 죽기 직전이었다. 그제야 그는 '아, 내가 변했었더라면' 하고 생각했다. 자신을 주체로 삼지 않으면 작은 변화 하나도 얻을 수 없다. 그렇기에 "왜 세상이 변하지 않느냐?"는 질문을 바꾸는 것이 좋을 듯하다. "왜 나는 아직도 그대로인가?"

그렇다면 세상을 변혁하지 못하는 우리는 누구인가? 우리는 어디서 났으며, 어디로 가야 하는 사람이기에 이토록 무능하게 살아간단 말인가? 대개의 대답은 '이원론'에 물든 그리스도인의 삶에 태도에서 찾는다. 복음의 알맹이는 그리스도의 주권에 있다. 하지만 그리스도의 다스림은 교회나 사적 영역에 제한해서는 안 된다. 하나님의 다스림은 그분이 창조하신 세계에 충만하게 실현되어 모든 영역의 주인이 하나님이심을 구현해야 한다.

그러므로 세상을 변혁하지 못하는 우리는, 개인의 영성에만 몰두한 채 세상에 대한 책임을 방기하고 현실과 동떨어진 공간으로 도피하는 존재들이다. 우리는 "죄 많은 이 세상은 내 집 아니네 나는 이 세상에 정들 수 없도다"라고 노래하며 산 아래의 삶은 외면한 채 살아간다. 하지만 세상에서 손가락질을 받더라도 교회 일만 열심히 하는 것은 왜곡된 경건임을 기억해야 할 것이다.

이러한 분석에 일면 공감하기는 하지만, 문제의 본질적인 원인은 '혼합주의'에 있다고 확신한다. 오늘날 세상은 교회를 통해서 하나님의 지혜를 보고 있는가?(엡 3:10) 아니면 하나님의 이름이 우리로 인하여 이방 중에서 모독을 받고 있는가?(롬 2:24) 이는 양자택일을 강제하려는 것이 아니라, 우리 처지를 극명하게 파악하려는 방법론적 질문이다.

단적으로 묻자면 '우리는 세상과 다른가', 아니면 '세상을 닮았는가'라는 것이다. 세상과의 극단적 분리가 이원론이라면 세상에의 동화는 혼합주의다. 혼합주의적인 삶의 태도는 우리가 이 세상에 순응해서 살고 있다는 것을 뜻한다. 하나님의 방식으로 세상을 살지 않고 도리어 세상의 방식으로 예수를 믿고 있다. 세상 속에 살면서 세상에 물든 것이다.

신구약 성경은 우리 안에 있는 혼합주의를 엄히 꾸짖는다. 북이스라엘과 남유다가 멸망한 원인은 그들이 하나님의 말씀을 온전히 좇지 않고 이방의 관습을 따랐기 때문이다. 복음서 역시 하나님과 재물을 겸하여 섬기는 것을 극히 경계한다. 신약학자 리처드 헤이스

(Richard B. Hays)가 신약 윤리학의 과제라고 천명한 로마서 12장 1-2절은, 우리의 삶은 주의 뜻에 부합해야 하고 그럴 때에 하나님께 영광이 된다고 말한다. 그 전제는 "너희는 이 세대를 본받지 말고"이다. 이는 세상적 가치와 틀에 맞게 순응(conform)하지 말고 변혁(reform)하라는 것이다. 예수의 주 되심은 우리 안에 있는 세상적 가치관으로부터의 단절에서 비롯된다.

로날드 사이더(Ronald J. Sider)는 『그리스도인의 양심 선언』에서 북미의 통계 자료를 바탕으로 이혼, 돈과 구제, 성적 불순종, 인종차별, 가정폭력 등의 문제에 있어서 그리스도인과 불신자가 하등 차이가 없다고 말한다. 이것은 비단 북미의 그리스도인에게 국한되는 문제는 아닐 것이다. 우리도 혼합주의에 깊이 젖어 있기는 매한가지이기 때문이다. 은혜를 받아야만 세상에서 성공할 수 있고, 세상에서 높은 자리에 올라야만 주의 사명을 잘 감당할 수 있다고 말하는 이른바 고지론에 대한 허상을 오늘날 그리스도인의 별다를 것 없는 삶이 폭로하고 있다.

표면적으로는 예수의 이름과 하나님의 영광이라는 거창한 수사를 말하면서, 세상의 가치를 추구하는 이중적인 행동은 이제 그만해야 한다. 차라리 솔직한 것이 아름답다. 최근 보수 기독교인들의 정치적 발언만 보더라도 그렇다. 물론 정치 참여 자체를 반대하는 것은 아니다. 기독교 내에도 다양한 정치 참여 방식이 존재할 수 있고, 예수님도 정치적이었으니 교회가 정치적 발언을 하는 것이 잘못된 일은 아니기 때문이다.

다만 기독교가 국익, 그것도 일부 특정 집단의 이익과 이데올로기와 결합한 것을 문제 삼는 것이다. 십자가와 태극기와의 일치도 모자라 성조기까지 함께 흔드는 그들의 모습에 아연실색할 수밖에 없었다. 여기에는 예수 정신의 정수인 자기 부인도, 예수의 간곡한 명령인 원수를 사랑하라는 말도, 자기를 희생하면서까지 십자가를 지는 예수의 실천도 없다. 그들의 행동은 그저 자신의 이해만 관철시키려는 이익집단의 행동일 따름이다. '십자가'가 아니라 '십자기'만 온통 교회에서 펄럭인다.

성경은 우리가 세상에 너무 깊이 연루되어 살아가는 것을 염려한다. 세상과 별다르지 않은 삶의 방식을 지닌 그리스도인이 세상의 비난을 받는 것은 어찌 보면 당연한 결과이리라. "너나 잘하세요"라는 비아냥거림이 사방에서 들려온다. "예수는 좋지만, 교회는 싫다"는 말도 귀에 딱지가 앉을 정도이니 참으로 비감스러운 일이 아닐 수 없다. 그러므로 우리는 '이 세상으로 충분한가?'에서 '죄 많은 교회로 충분한가?'를 고민해야 할 것이다. 그럼에도 희망의 빛도 여전히 우리에게서 시작한다.

아무것도 아닌 삶은 없다

그릇 크기대로 1

친분이 있는 분 중에 교회를 개척한 지 3년 정도 되는 목사님이 계신다. 사람들과 두루 원만한 관계를 맺고 즐겁게 목회하는 분이다. 어느 날 그분에게서 전화가 왔다. 부산 남포동에 일 보러 나온 길인데 잠시 들러도 되느냐면서 말이다. 어찌 반갑지 않았겠는가? 점심 식사 시간이 훌쩍 지난 터라 차 한 잔을 두고 세상 돌아가는 이야기, 가정과 교회에 관한 염려와 기대로 정담을 나누었다.

이야기가 한창 무르익어 갈 무렵 그분이 갑자기 정색하더니 묻는 것 아닌가. "목사님은 하나님이 준비된 사람을 반드시 사용하신다고 믿으세요?"

저간에 무슨 사정이 있었겠노라 짐작이 되어, 무슨 일이 있느냐고 되물었다. 돌아오는 말인즉슨 개척 3년의 시간을 돌아보니 앞으로 10년 후의 모습도 지금과 견주어 볼 때 대동소이(大同小異)하리라는 생각에 위기감이 몰려온다는 것이다. 그래서 지금부터라도 착실히 준비하고자 하는데, 하나님이 준비된 사람을 쓰신다는 확신이 있어야만 할 것 같아서 묻는다는 것이다.

그분의 진지한 표정에서 율법사의 질문처럼 자신의 지식과 의를 자랑하려는 것도, 부자 청년처럼 실천할 의지도 없으면서도 구도자의 길을 묻는 것도, 질문에 대답할 겨를도 없이 예수에게서 돌아서서 나가 버린 빌라도처럼 무의미한 질문을 던진 것도 아님을 보았다. 그분의 물음 속에서 지금보다 더 나은 삶을 원하면서도 무엇을 어떻게 시작해야 할지 모르는 자의 고뇌와 갈증을 고스란히 느꼈다. 그가 원하는 것은 죽은 지식이 아니라 살아 있는 확신이었던 것이다. 실존적인 물음 앞에 그대로 맞서야 했던 나는 마음속으로 기도를 드렸다. '주 예수 그리스도여, 당신의 지혜로 적절한 조언을 하게 하소서!'

사실 주위를 둘러보면 준비된 사람이 적재적소에 쓰임 받는 것을 어렵지 않게 볼 수 있다. 준비 없이 기회를 맞게 되는 사람보다, 준비된 사람이 찾아오는 기회를 붙잡을 확률이 더 높다고 할 수도 있을 것이다. 그래서 많은 사람들이 삶은 결국 성실성에 맡길 수밖에 없다고 하지 않던가.

그렇다면 준비된 사람이라고 모두 쓰임을 받는가? 그렇지 않다.

성실하게 준비한 사람일지라도 얼마든지 실패를 경험할 수 있기 때문이다. 친구 목사가 물었던 말은 바로 이러한 두려움에서 연유하는 것이라 여겨진다. 기껏 준비해도 하나님이 사용하시지 않는다면, 우리의 수고가 얼마나 덧없고 허망하게 느껴지겠는가?

물음에 대한 대답은 이것이다. 우리의 사용 여부는 우리에게 달린 것이 아니라, 하나님께 전적으로 달려 있다. 옹기장이도 흙으로 자기가 원하는 그릇을 만들 수 있거늘 하물며 하나님은 어떠시겠는가? 같은 진흙으로도 큰 그릇과 작은 그릇, 예술작품과 실생활에 유용한 그릇으로 만들 권리가 하나님께 있다. 그러므로 그릇은 자신을 빚은 손더러 왜 이렇게 만들었냐고 힐문할 수 없다(사 45:9).

하나님은 큰 그릇은 큰일에 쓰기 위해, 작은 그릇은 작은 일에 쓰기 위해 만드셨다. 그러므로 작은 그릇이 큰 것을 담을 수 없고, 큰 그릇이 작은 것을 담고 있어서는 안 될 것이다. 하나님이 만드신 모든 것은 그 나름대로 아름다운 목적이 있기 때문에 자신을 자랑할 필요도, 누군가의 삶을 보며 절망할 필요도 없다. 이 세상에 아무것도 아닌 삶은 없다.

하나님의 일을 위해 쓰실 사람은 하나님이 결정하신다. 그것이 바로 하나님의 주권이며, 우리 신앙의 기초. 신앙의 근본은 예수를 주인(Lord)이라고 고백하는 것이므로 좋은 주인의 뜻을 이루는 최선의 삶을 살아야 한다. 그러면 또 다시 질문이 생긴다. 저마다 다른 삶의 모양이 하나님의 뜻에서 비롯되는 것이라면, 굳이 우리가 준비

할 필요가 있겠는가?

중요한 것은 우리 각자가 맡겨진 그릇의 모양대로 얼마만큼 충성을 다하고 있느냐는 것이다. 이것이 '하나님은 준비된 사람을 쓰신다'는 진정한 의미다. 하나님의 주권을 믿고 그분의 선하심과 내 삶을 향한 충만한 뜻을 믿는다면, 내가 할 일은 최선을 다해 준비하는 것이다. 요컨대 준비된 자를 사용하시는 것이 하나님의 몫이라면, 하나님이 쓰실 만한 그릇으로 준비되는 것은 우리의 몫이다.

누구도 예외 없이 저마다 고난의 터널을 지난다. 불현듯 막다른 길에 다다른 것 같은 절망감에 맞닥뜨릴 때, 뭐라고 말하는 이도 없는데 괜스레 움츠러들곤 한다. 하나님이 내 삶 가운데 살아계시는 것은 분명한데, 그분이 나를 사용하려고 부르신 것이 맞는지 끝없는 회의에 사로잡히기 때문이다. 이러한 의심을 완전하게 떨칠 수 없을지라도 준비하는 일을 쓸모없는 것으로 여겨서는 안 된다. 세(침)례자 요한이 그 표본이다. 요한은 그분이 정녕 그리스도가 맞는지 의심하기도 했으나 그럼에도 불구하고 주의 길을 예비했다.

그날, 나는 목사님의 얼굴에서 기쁨과 평안을 보았다. 그 후 이야기가 끝나고 마치 간다게의 내시처럼 홀연히 가버린 그를 다시 보지 못했다(행 8:39). 하나님이 부르실 그날을 위해 있는 자리에서 즐겁게 준비하라는 것이리라. 언젠가 서로 괄목상대(刮目相對)한 모습으로 만나기를 소망한다.

사용 여부는 하나님께 달려 있다

그릇 크기대로 2

하나님은 준비된 사람을 마땅히 쓰신다. 성경과 역사를 돌이켜보건대 분명한 것은 하나님이 쓰신 사람은 모두 준비된 자들이었다. 하지만 준비되기만 하면 모든 사람을 쓰신다는 확신에 대해 회의를 갖게 만드는 부정적인 증거들도 있다. 그것을 인간 편에서 보면 절망과 원망이 된다. 하지만 옹기장이도 누리는 평범한 권한을 창조주에게 없다고 하는 것은 차라리 반역일 것이다.

사용 여부는 우리에게 달려 있지 않고 오로지 그분의 뜻에 있다. 다만 우리가 할 수 있는 것은 그분이 당신의 마음에 합한 사람을 찾으실 때 단역이라도 참여할 수 있도록 준비하는 일이다. 사용 여부는 주께 있더라도, 준비 여부는 우리에게 있다. 여기서 우리는 '어떤 사람이 준비된 사람인가?', '무엇을 준비해야 하는가?'라는 물음을 던질 수 있다.

하나님은 모든 사람을 사용하신다. 이는 하나님이 선한 사람에게나 악한 사람에게나 같은 태양을 비추시고, 의로운 자나 불의한 자 모두에게 공평하게 비를 내리시는 것(마 5:45)과 같은 이치다. 세상에 존재하는 모든 것이 창조주의 작품이므로 모든 것은 존재 자체로 사랑을 받는다. 어리석은 사람이나 외모, 학력, 민족, 성별로 차별할 따름이다. 하나님의 뜻을 모르는 탓에 서로 견주어 우월감이나 열등감에 사로잡히는 것은 참으로 불행한 일이다.

사람은 저마다의 역할과 직분이 있다. 삶의 불가해한 아름다움을 깨달았던 송명희 시인은 태어날 때부터 뇌성마비 장애를 얻었음에도 "공평하신 하나님이 나 남이 가진 것 없지만 나 남이 없는 것을 갖게 하셨네"라고 노래하지 않던가. 이 세상에는 그토록 많은 사람들이 있지만 누구 하나 같은 존재가 없다. 각자의 고유한 특성 때문에 모두 가치가 있고 해야 할 일들이 구별되는 것이다.

역사적으로도 많은 증거를 찾을 수 있다. 18세기 미국의 위대한 부흥 운동의 주역이었던 조나단 에드워즈와 무디가 그 예다. 미국의 저명한 목사이자 신학자인 조나단 에드워즈는 18세기 중엽 미국 식민지에 퍼진 칼뱅주의 신앙부흥운동인 대각성운동(Great Awakening)을 주도하였다. 그리고 방대한 신학적 토대 위에 종교적 체험의 완벽한 체계를 확립하였다. 신앙의 정수는 거룩한 감정에 있다는 신앙 감정론은 한없이 깊고 풍부한 사상을 담고 있다.

한편 18세기 후반 미국에서 가장 영향력 있던 복음전도자였던 무디는 공식적인 교육을 받지 못했다. 그런 까닭에 그의 설교에는 문법에 맞지 않는 문장들이 많았다. 하지만 토레이(R. A. Torrey)의 저서 『왜 하나님은 무디를 사용하셨는가』의 첫 문장은 이렇게 시작한다. "하나님은 어리석고 연약하게 여겨지는 사람들을 통하여 능력 있게 역사하심으로 세계를 당황하게 만들기를 기뻐하신다. 무디가 바로 그런 사람이었다." 바울과 베드로에서 보는 것처럼, 하나님은 배운 사람이나 배우지 못한 사람이나 각기 그릇 나름대로 사용하신다.

신학의 역사도 이렇게 흘러왔다. 칼뱅주의자였던 횟필드가 구원론에서 하나님의 전적 주권과 예정을 강조했다면, 알미니우스주의 전통에 서 있던 웨슬리는 인간의 자유의지와 반응을 강조하였다. 횟필드는 인간의 전적타락을 강조하며 오로지 하나님 중심으로 구원론을 전개한 반면, 웨슬리는 인간에게 내린 선행은총을 강조하였다. 그래서 웨슬리는 은혜에 합당한 삶의 성결을 강조하는 '그리스도인의 완전' 교리를 갈고 닦았던 것이다. 비록 신학적 견해 때문에 갈라서게 되었지만 종교적, 도덕적 위기에 처한 18세기 영국을 구하는 데 두 사람이 혁혁한 공을 세웠다는 것은 분명한 사실이다.

성경에서도 한 예를 들 수 있다. 구약성서의 사사들은 옷니엘을 제외하면 그다지 별 볼 일 없는 사람들이었다. 옷니엘은 갈렙의 동생으로 가나안 정복 전쟁의 최전선에 섰던 용장이었다. 하지만 그

후 등장하는 사사들은 사사라고 여기기에 부족한 사람들이었다. 왼손잡이었던 에훗은 당시 장애인 취급을 받았고, 드보라는 여성으로서 사회적 조건의 어려움과 한계에 직면했던 사람이었다. 바락은 여성에 의존하는 공처가 기질의 사사였고, 기드온은 의심 많고 소심한 사람이었다. 입다는 첩의 아들로 형들에게 내쫓김을 받아 잡류, 곧 건달패(삿 11:3)와 어울렸다. 그중에서도 가장 흠이 많았던 인물은 삼손이었다. 그는 여자 없이는 잠 못 자는 난봉꾼이요 바람둥이었다. 그것도 이방 여인만을 쫓아다녔다.

하나님은 깨끗하고 흠이 적은 그릇이 아니라 하나같이 상처투성이인 사람들을 사용하셨다. 여기에 비추어 볼 때 '어떤 사람이 준비된 자인가'라는 물음에 대해서는 누구라도 쉽게 대답하기 어려울 것이다. 일차적인 사용 여부는 사람이 아닌 하나님께 달려 있기 때문이다. 여기에 대해 할 수 있는 말은, 하나님은 모든 사람을 사용하시므로 문제가 없는 사람만이 아니라 문제가 있는 사람들도 사용하신다는 것이다.

하나님은 애초부터 모든 사람을 다양하게 빚으셨다. 제 모습 그대로 사용하시는 것이 공평하신 하나님의 성품에도 일치하고 서로 다른 사람의 모습에도 부합한다. 성경의 증언과 역사의 증거가 이를 지지하며 우리 자신이 확증한다. 하나님이 어떤 사람을 쓰시느냐고 묻는다면, '모든 사람'이 그 대답일 것이다.

그렇기에 '하나님은 왜 저런 사람을 사용하시는가'라는 의문과 불평은 나에게도 마땅히 적용되어야 하는 논리다. 흠이 많은 나를 사용하시는 하나님의 은혜는 충만하다 말하면서 다른 사람의 흠에 대해 투덜거리는 것은 부자연스러운 생각이다. 하나님이 형제의 눈 속에 티가 있어도 사용하신다는 것은 내 눈에 들보가 있음에도 사용하신다는 뜻이기도 하다. 나 같은 사람도 사용하시는데 다른 사람을 두고 괜한 트집을 잡을 필요가 있겠는가? 나와 당신, 우리 모두가 하나님의 일꾼 대열에 동참하게 되었다. 그래서 서로를 비판하기보다는 더 넓은 품으로 끌어안으며 즐겁게 충성하기를 소망한다.

깨끗한 그릇이 되는 일

그릇 크기대로 3

하나님은 실력이 있는 사람을 사용하신다고 말하면 너무 현실적으로 느껴지고, 하나님은 모든 사람을 각자의 모양대로 사용하신다고 말하면 너무 이상적으로 느껴지는 것도 사실이다. 둘 사이의 균형을 이루기가 힘든 것은 삶의 폭이 넓고 다면적이기 때문이다. 그래서 하나님이 사용하시는 조건들을 열거하자면 한도 끝도 없을 것이다. 그럼에도 불구하고 다양한 이유들 속에서 한 가지 공통점을 찾는다면 그것은 '항복'일 것이다. 바울 사도도 "나는 날마다 죽노라"고 고백하지 않았던가?

그리스도인들 중에는 지적으로 뛰어난 사람도 많고, 특별한 재능이나 흠모할 만한 은사를 지닌 사람도 있다. 한편 별다른 재능이나 지식은 없지만 열정과 헌신만큼은 누구보다 뛰어난 사람들도 있다. 모두 겸비한 사람이라면 더 바랄 것이 없을 테지만 굳이 하나를 택해야 한다면 무엇을 더 중요한 가치로 삼을 것인가? 쉽게 대답할 수 없는 문제임에 틀림없다.

성경 역시 상황에 따라 다른 답을 내놓는다. 바울은 이스라엘이 숱한 영적인 유산을 갖고서도 그리스도를 알지 못했던 것은 그들에게 '열심'은 있으나 '지식'이 없기 때문이라고 말한다(롬 10:2). 맹목적인 충성이 하나님을 거역한 결과를 낳았으니 이보다 더 지식의 중요성을 깨우치는 말은 없을 듯하다.

예수님도 십자가상에서 자신을 못 박고 조롱하는 이들을 향해 중보기도하실 때 그들의 무지를 지적하셨다. 하나님께 그들의 죄를 사하여 주시기를 간구하면서 그 까닭을 무지에서 찾으신 것이다. 그들은 자기가 하는 일이 무엇인지조차 모르고 행동하는 어리석은 자들이었다(눅 23:34). 이처럼 성경은 지식 없는 열정은 위험한 것이라고 확언하기를 주저하지 않는다.

하지만 지식으로 가득 찬 바리새인들이 예수님 앞에서 받았던 혹독한 비판을 기억한다면 그리 쉽게 지식의 편에 손들지는 못할 것이다. 예수님이 어디서 태어날지를 알고 있으면서도 동방박사들과 함께 경배하러 가지 않는 예루살렘 사람들을 보면, 그 지식은 대체 무엇을 위한 것인지를 묻지 않을 수 없다.

결국 중요한 것은 지식과 열정 그 자체의 차이가 아니라, 그것이 하나님께 온전히 드려졌는지 여부에 달려 있다고 할 수 있다. 하나님이 사용하시도록 자신을 온전히 내려놓는 것이 항복의 참 의미일 것이다. 그리고 디모데후서 2장에서 바울이 말한 깨끗한 그릇의 본뜻이기도 하다. "큰 집에는 금과 은의 그릇이 있을 뿐 아니요 나무와 질그릇도 있어 귀히 쓰는 것도 있고, 천히 쓰는 것도 있나니 그러므로 누구든지 이런 것에서 자기를 깨끗하게 하면 귀히 쓰는 그릇이 되어 거룩하고 주인의 쓰심에 합당하며 모든 선한 일에 예비함이 되리라"(딤후 2:20-21).

하나님이 만드신 그릇은 금, 은, 나무, 흙과 같이 여러 종류다. 그 재질에 따라 가격이나 인기가 천차만별이다. 어떤 이들은 귀한 그릇을 금과 은으로, 천한 그릇을 나무와 질그릇으로 해석하기도 한다. 하지만 여기에는 두 가지 실수가 있다. 하나는 귀히 쓰는 그릇이란 금과 은이라는 선천적 조건이 아니라 그릇이 깨끗하냐에 달려 있다는 것이다. 아무리 좋은 그릇일지라도 그 속이 지저분하다면 당연히 사용하지 않을 것이다.

다른 하나는 그릇은 제 나름대로의 사용 용도가 있다는 것이다. 아무리 금 그릇이 좋다고 해도 거기에 술을 담지는 않는다. 그렇게 되면 술맛을 잃어버리기 때문이다. 용도에 맞게 사용해야 귀한 것이지 비싼 그릇이라고 해서 귀히 쓰는 그릇은 아니다.

그릇의 크기나 용도는 내 몫이 아니라 오롯이 주님의 결정이다. 다만 내가 할 일은 깨끗케 되는 것이다. 하나님이 쓰시는 그릇은 주인이 사용하기에 최적의 상태로 준비된 깨끗한 그릇이기 때문이다. 하나님께 철저히 항복하고, 날마다 자신을 경건에 이르도록 연습하는 깨끗한 그릇이 하나님이 찾는 사람이다. 자기 생각과 욕심으로 가득 차서 하나님이 원하시는 그 무엇도 담을 수 없는 그릇은 그분이 눈여겨보지 않을 것이다. 그래서 소극적으로는 청년의 정욕을 피하고, 적극적으로는 주를 깨끗한 마음으로 부르는 자들과 함께 훈련과 연단을 받아야 한다. 그들이 진정한 하나님의 사람이요, 하나님의 일꾼이다.

들어가지 않고는
알 수 없는 문

제자의 세 가지 길

한·일 순교지 기행을 다녀왔다. 국내는 양화진의 선교사 묘지와 여수 애양원의 손양원 목사님 기념관, 진해시의 주기철 목사님 고향 교회의 자료관을 방문하는 코스였다. 살고 있는 곳이 부산이라 여수로 바로 간 탓에 양화진은 둘러보지 못하였다. 일본은 시마바라 난의 시발점이었던 운젠의 순교지, 원자폭탄이 떨어진 나가사키의 평화공원과 원폭 자료관 등을 살펴보았다.

우리나라에서는 약 2만 명이, 일본에서는 임진왜란 이후부터 약 5만 명이 순교했다. 단지 예수를 그리스도로 고백한다는 이유 하나만으로 박해를 받았지만 그들은 도리어 그 이름으로 고난받기를 기뻐하였다. 그리하여 죽음이라는 비장함으로 신앙이 무엇인지를 큰 소리로 외치고 있었다.

이 여정을 통해 세 가지 길을 볼 수 있었다. 먼저는 목사의 길이다. 손양원 목사님과 주기철 목사님은 목사란 어떤 존재여야 하는지를 삶으로 보여 주었다. 특히 주기철 목사님이 남긴 세 마디는 목사의 정체성과 역할이 무엇인지를 구체적으로 규명해 주었다. 그 세 마디는 늙으신 어머니와 자녀들을 잘 부탁한다는 것, 주님 앞에 가서 조선 교회를 위해 기도하겠다는 것, 마지막으로 따뜻한 숭늉 한 사발 마시고 싶다는 것이었다.

노모와 자녀를 아내에게 부탁하는 것은 십자가상의 예수 그리스도를 본받은 일이었고, 조선 교회를 위해 기도하겠다는 것은 교회와 민족을 누구보다도 사랑한 한 목사의 염원이었다. 그리고 따뜻한 숭늉 한 그릇은 평범한 한 인간의 애원이었다. 온갖 고문으로 온몸이 바스라지면서도 신앙의 절개를 굽히지 않던 그였기에 교회에 대한 걱정은 당연했고, 아들이자 남편이요 아비인 그에게 가족을 걱정하는 마음 역시 여느 사람과 다를 바 없었다. 하지만 안락한 삶에 대한 소망은 일사각오 신앙의 소유자였던 그에게도 비켜갈 수 없는 유혹이었던 것이다.

결국 숭늉 한 사발 마시고 싶다는 말은 그리스도를 위해 지극히 평범한 일조차 포기해야 하는 것이 목사의 길임을 보여 준다. 바울은 후배 목회자요 영적 아들인 디모데에게 "군사로 일하는 사람은 자기 생활에 얽매여서는 안 된다"고 가르쳤다(딤후 2:4). 이는 목사는 하나님의 자녀이자 일꾼이기에 세상의 그 어떤 것들 예컨대 사람

(people), 목적(purpose), 소유(possession)의 최우선 순위를 주게 두어야 한다는 뜻이다.

그 길에는 누구보다도 예수를 사랑하고, 청지기 의식을 지니며 하나님의 공급하심을 신뢰하며 살아가는 삶의 모습이 따른다. 이는 비단 목사에게만 한정되지 않는 보편적인 그리스도인의 모습이지만, 성도의 본이 되어야 하는 목사에게는 더욱더 요구되는 믿음의 덕목이 아닐 수 없다. 목사의 길은 하나님만을 기쁘시게 하는 것을 낙으로 삼는 길이다.

두 번째는 신앙의 길이다. 일본의 그리스도인들이 받았던 박해는 감히 상상하기조차 버거운 고통이었다. 우리에게는 다소 낯선 일본의 운젠시는 일본 그리스도인들에게 참으로 비감스러운 지역이다. 이곳에는 화산의 흔적이 고스란히 남아 있는데 그 영향으로 120도에 달하는 온천물이 곳곳에 흐르고 있다. 에도 시대에 무사 정권은 그리스도인을 색출하기 위한 방법으로 유례없는 탄압을 가했다. 그중 하나가 기독교인들을 묶어 운젠의 온천에 넣고 꺼내기를 반복하면서 죽인 일이다. 온몸을 바늘로 찌르면서 말이다.

이토록 혹독한 핍박과 가혹한 농민 수탈을 견디지 못하고 일으킨 사건이 아마쿠사 시로 도키사다를 중심으로 일어난 '시마바라 농민의 난'이다. 그 후 1865년 일본이 개항을 하고 프랑스인 신부들이 오우라 교회당을 세우기까지 약 250년 동안 공식적인 가톨릭 조직은 사라지게 된다.

내게는 일본 기독교의 장엄한 순교의 역사보다 수많은 그리스도인들의 은폐된 역사가 더욱 흥미로웠다. 나는 일본 교회사를 강의하는 나가사키 가톨릭 회관의 이리구치 선생에게 어떻게 250년이라는 긴 시간 동안 신부도, 성경도, 미사도 없는 열악한 조건 속에서 신앙을 유지할 수 있었는지 경이로움을 나타내며 물어보았다. 그분의 첫 마디는 '성령의 역사'였다. 그리고 입과 입으로 신앙을 전달했으며, 그리스도인들을 4개의 조직으로 나누어서 관리했다는 등의 이야기를 해주었다.

되레 공부거리만 늘어난 것 같지만 선명히 남은 일깨움은 있다. 하나는 성령의 역사하심이고, 다른 하나는 공동체다. 수직적으로는 하나님의 주권적인 은총과 수평적으로는 신앙 공동체 안에서 함께 함이 그들의 신앙을 보존할 수 있었던 결정적인 힘이었다. 결국 신앙의 길은 성령의 인격적인 도우심으로 인도받는 것이고, 그 길을 믿음의 동지와 함께 걷는 것이다. 한 사람의 열 걸음보다 열 사람의 한 걸음이 더욱 소중한 법이다. "홀로 있어 넘어지고 붙들어 일으킬 자가 없는 자에게는 화가 있으리라"(전 4:10).

세 번째는 평화의 길이다. 원자폭탄이 투하된 히로시마와 더불어 나가사키는 일본 최대의 가톨릭 지역이다. 그런데 참으로 모순적이게도 폭격기 조종사는 가톨릭 신자였고, 그가 안전하게 돌아가기를 바라는 미사를 집전한 것도 가톨릭 군종 사제였으며, 그 폭탄이 떨어진 지점도 정확히 우라카미 대성당이었다. 그날 세 종단의 가톨릭 수녀들이 전멸했다. 전쟁이 끝난 뒤 당시 기원 미사를 집전한 조지 자벨카(George Zabelka) 사제는 그 지점을 방문하고 잿더미에서 향로 조각을 줍게 된다. 그는 그 조각을 보면서 우리가 어떻게 그리스도의 가르침을 왜곡했고, 동시에 하나님의 아름다운 창조 세계를 엉망으로 파괴했는가를 생각하며 용서의 기도를 드렸다고 한다.

나가사키에 떨어진 원자폭탄은 전쟁과 폭력에 대한 그리스도인의 입장을 진지하게 고민하게 한다. 원자폭탄 투하를 결정한 트루먼은 전쟁으로 인한 고통을 경감하기 위해서 핵폭탄 사용을 결정했다. 하지만 그로 인해 히로시마에서는 대략 14만 명이, 나가사키에서는 7만 명이 생명을 잃었다. 그 후 5년간 13만 명이 더 죽었고, 그 외에 방사능 때문에 불구가 된 사람도 수십만 명에 달했다. 생명을 지킨다는 이름으로 생명을 무차별적으로 살상하는 일이, 그 무슨 근거로 정당화될 수 있겠는가?

예수님은 예루살렘에 입성하시면서 그 성을 내려다보며 우셨다 (눅 19:41). 예루살렘은 평화의 기초라는 뜻이다. 그러한 평화의 성이 돌 하나도 돌 위에 남지 않고 망한 것은 결국 그들이 평화 대신에 전쟁과 폭력의 길을 추구했기 때문이다. 그 평화에 이르는 길인 예수를 부인했기에 겪어야 했던 필연적인 결과였다. 그리스도는 우리의 평화다(엡 2:14). 그리고 우리는 평화의 자녀다. 그러므로 우리는 그리스도의 명백한 가르침을 왜곡하여 그리스도의 이름으로 전쟁을 정당화하고 미화하는 짓을 그만두어야 한다. 평화를 원하지만 전쟁의 소문만 갈수록 무성한 이 시대에 하나님은 우리를 평화의 사도로 부르셨다. 성 프란치스코의 기도처럼 우리는 평화의 도구로 사용되어야 한다.

    요즘 역사에 대한 관심이 커지고 있다. 우리는 이 땅의 역사와 함께 신앙의 선조들의 발자취를 늘 염두에 두어야 할 것이다. 교부 터툴리안의 말처럼 교회는 순교자의 피를 먹고 산다. 목사의 길, 신앙의 길, 평화의 길은 일사각오의 정신으로 정진해야 할 주님의 길이다. 누구랄 것도 없이 모든 주의 제자들이 따라야 할 길이다. 좁고 협착하여 많은 사람이 찾지 않더라도, 그 길은 구원과 생명에 다다르는 길이다.

목사는 어떤 존재인가

목사에 대한 단상 1

몇 년 전, 종교인 과세에 관한 TV 토론을 우연찮게 시청하게 되었다. 일부 대형교회 목사들의 호화생활이 집중적으로 부각된 터라 사람들의 질책은 더욱 거세게 다가왔다. 그때 한 사람이 목사는 다른 직업과 달리 성스러운 일을 하는 성직자이고 교회는 사업체가 아니기 때문에 일반 노동자나 회사의 기준으로 세금을 매길 수 없다는 논리를 펼쳤다. 굳이 세금을 내는 것에 반대하지는 않지만 그런 잣대를 목사에게 들이대서는 안 된다는 것이다.

단적으로 말하면 목사는 목회자이지 성직자가 아니다. 성직자라는 말은 구약의 개념에 불과한 것이므로 종교개혁의 이상인 '전 신자 제사장 원리'에 부합하지 않는다. 목사를 성직으로 대우한다면 관리집사도 마땅히 성직으로 대우해야만 한다. 신자의 일상은 예배이므로 세상의 모든 일은 거룩하다. 그런 의미에서 목사'만' 제사장이 아니라 목사'도' 제사장이라고 말해야 타당할 것이다. 결국 어느 순간부터 교회가 성전으로, 목사는 성직의 의미로 고착된 것이 한국 교회 타락의 주요한 원인으로 볼 수 있다.

하지만 "목사는 성직자가 아니다"라는 규정만으로는 목사란 직무를 설명하기에 충분하지 않다. 목사에 대한 정의를 '무엇인가를 안 하는 사람'이 아니라, '무엇인가를 하는 사람'으로 설명해야 하는 까닭이다. 그렇다면 이제 목사의 한 사람인 나부터 목사란 어떤 존재인지, 또한 어떤 존재이기에 성직자가 아닌지를 근원부터 자세히 되짚어 보고자 한다.

가장 먼저는 목사가 직면한 현실을 말하고 싶다. 목사의 위치와 존재감은 헨리 나우웬(Henri Nouwen)의 『상처 입은 치유자』 안에 잘 드러나 있다. 그가 선상 신부로 사역하고 있을 때의 일이다. 어느 날 배가 긴박한 위기 상황에 직면하게 되자 선장은 자신과 마주친 나우웬 신부를 향해 저리 비키라고 소리를 질렀다. 그러고는 이내 신부님이 필요하니 함께 있어 달라고 말했다. 이를 두고 나우웬은 '고통스러운 아이러니'라고 지적한다. 사람들의 필요에 따라 사역자는 환대를 받기도 하고, 거절당하기도 하기 때문이다.

그의 유명한 '상처 입은 사역자'라는 개념은 여기에서부터 비롯된다. 그가 말하는 상처는 '외로움'이다. 사역자는 인격을 지닌 존재 자체로 인정을 받기보다는 각자의 사정과 필요에 따라 대우를 받는다. 많은 이들이 사역자를 절실히 요구하지만, 그만큼 밀어내기도 한다. 사역자들은 그 주변을 맴돌면서 부질없는 외로움에 빠져들고 만다. 나우웬은 그러한 외로움이 사역자로 하여금 사역자다워지도록 만든다고 말했지만, 이 말에는 사역자가 일생 동안 싸워야 하는 숙명 같은 외로움을 담겨 있다. 예수님도 건축가들이 쓸모없다고 버린 돌이 되어 외로운 삶을 살아가지 않으셨던가.

한 걸음 더 나아가서 유진 피터슨(Eugene Peterson)과 마르바 던(Marva Dawn)은 『껍데기 목회자는 가라』 안에서 목회자는 세 가지 이유에서 '불필요한 존재'(unnecessary pastor)라고 선언한다. 첫째는 우리 문화가 중요하게 여기는 것에 대해서 불필요하다. 둘째는 사람들이 본질적이라고 느끼는 것에 대해 불필요하다. 세상에서 말하는 성공의 잣대로 보면 목사는 불필요한 존재다. 마지막으로 목회자는 교인들의 요구와 주장과는 별개의 존재다. 목양자가 아니라 전문가나 관리인, 혹은 CEO가 되기를 원하는 교인들에게 목회자는 하등 쓸모없는 존재일 뿐이다.

그런데 이 땅에서는 희한하게도 목회자 스스로 자신의 정체성을 CEO라고 착각하며 경영학적 측면에서 교회의 이윤을 극대화시키기 위해 애쓴다. 목회자들이 필요한 존재가 되기 위해 발버둥 칠수록 더욱 외롭고 불필요한 존재가 될 뿐이다.

세상에서 불필요한 존재가 됨으로 하나님에게는 필요한 존재가 되고, 세상에서는 외로울지라도 하나님과 동행하는 자가 되어야 마땅하지만 그러질 못한다는 것이다. 그들은 무익한 종(눅 17:10)이 되기보다는 유익한 종이 되려고 하고, 자기 부인이 아니라 자기 긍정의 삶을 살고 싶어 한다.

비단 외로운 것은 목사만이 아닐 것이다. 자신의 외로움으로 타인의 외로움을 치유하고 세상의 시선에서 불필요한 존재가 됨으로 도리어 그리스도에게 필요한 존재가 되는 일은, 일반 교인이라고 예외일 수 없다. 그렇지 않다고 말하는 것은 프로테스탄트들이 그토록 극렬히 저항해 마지않던 가톨릭의 이중 윤리와 다르지 않다.

이런 점에서 목사가 어떤 존재인가를 알려면 교회에 대한 바울의 설명을 들어야 한다. 그는 교회를 '집'과 '몸'이라고 표현한다. 하나는 정적인 의미이고 다른 하나는 동적인 의미다. 하지만 양자는 서로가 서로의 일부가 되는 유기체라는 점에서 동일하다. 그렇기에 둘 사이의 우열을 가리는 일은 바울의 은유를 이해하지 못한 결과다. 우리는 주님의 집이요, 몸이라는 점에서 '존재론적으로'는 모두 같다. 그러나 저마다 다른 일을 한다는 점에서 '기능적으로'는 모두 다르다.

목사와 교인은 주님 안에서 모두 동일한 존재다. 하나님을 '아빠'라고 부르며 다함께 하나님 나라의 유업을 이을 자다. 그렇기 때문에 목사는 성직자이므로 교인들과는 다른 특별한 존재로서 남다른 권위를 갖고 있다고 말하는 것은 하나님 나라의 섭리를 거스르는 말이다. 또한 낮아지고 섬기는 자가 높아지리라는 하나님 나라의 도치된 세계관을 정면 부정하는 일이리라.

하지만 목사에게 덧씌웠던 신성(神聖)의 아우라가 벗겨졌다고 해서 목사를 존중하지 않는 것 또한 옳지 못한 일이다. 존재론적으로는 모두 동일하지만 분명히 기능적으로 목회자는 교회에서 더 많은 일을 하고, 더 중요한 일을 한다. 그러니 목회자를 존중하고 배려하는 것은 마땅하다.

그래서 사도 베드로는 목회자들에게 공동체의 본이 되라고 당부하고, 동시에 젊은이들에게는 목회자에게 순종하고 겸손하라고 가르친다(벧전 5:1-6). 권위주의의 해체를 권위의 부정으로 혼동하기 쉬운 것은 어제 오늘 일이 아닌 듯싶다. 베드로는 이러한 양면성에 대해 균형과 조화를 이루라고 권면한다. 존재와 기능이 적절한 조화를 이룰 때 목회자는 바람직한 정체성을 세울 수 있을 것이다.

합당한 자질을 갖추려면

목사에 대한 단상2

디모데전서 3장 1-7절은 어떤 이들을 감독으로 세워야 할지에 대해 바울이 디모데에게 조언한 내용이다. 감독의 역할을 설교와 교육으로 말하고 있으므로 오늘날 목사에 해당하는 직분이라고 볼 수 있다. 바울의 가르침은 그 당시만의 조언이 아니라, 오늘날 목사가 되려는 모든 이들에게 들려주는 도전이기도 하다.

바울의 가르침은 목회자가 되기에 스스로가 얼마나 부족한 사람인지를 새삼 알게 하며, 목사가 되어야만 했던 절실한 이유들을 돌아보게 한다. 나는 바울처럼 '나를 본받으라'고 말할 자신이 결코 없지만, 오히려 나의 실수나 단점들이 목사의 길을 걸으려는 자들에게 조금이나마 자신을 점검하는 계기가 되지 않을까 싶다.

첫째, 목사는 목사 직분에 대한 사모함이 있어야 한다(1절). 이것을 소망이나 열정이라고 표현해도 무방할 것이다. 나는 지금도 누군가 내게 "왜 목사가 되었어요?"라고 물음을 던지면 "내가 하고 싶어서요"라고 대답한다. 바울은 하나님의 활동 방식을 이렇게 설명한다. "너희 안에서 행하시는 이는 하나님이시니 자기의 기쁘신 뜻을 위하여 너희에게 소원을 두고 행하게 하시나니"(빌 2:13).

하나님이 기쁘신 뜻 가운데 선택하신 일과 하나님의 일을 향한 인간의 갈망이 만난 것이다. 물론 결코 의도하지 않았는데 목사가 된 사람들도 있을 것이다. 시작은 사모함이 없었다 할지라도 그 길 가운데서 행복을 찾아야 한다. 목사라는 직분은 스스로 행복하지 않으면 오래 갈 수 없는 길이다.

물론 다른 삶이 그러하듯 그저 행복만 오는 것은 아니다. 내적 불안과 외적 시련이 밀려올 때면 후회도 한다. 그럼에도 불구하고 목사의 길이 행복하다고 말할 수 있는 것은 목사의 직무가 주는 고통보다 기쁨이 더욱 크기 때문이다.

둘째, 목사는 인격과 실력을 두루 갖추고 있어야 한다. 바울은 2-3절에서 목회자 개인이 갖추어야 할 자질을 말한다. 중요한 것은 "가르치기를 잘하며"라는 구절을 제외하고 전부 인격과 관련되어 있다는 것이다. 그러니 목회자는 목회를 잘하는 능력보다 성품이 우선한다. 외적인 조건에 눈이 멀어 내면을 보지 못하는 사람과 달리 하나님은 중심을 보신다.

여기서 말하는 성품은 성격과는 조금 다른 의미를 담고 있다. 성격은 저마다 가지고 있는 고유의 성질을 말한다. 외향적인 성향이 더 강한 사람이 있고, 반대로 내성적인 성향이 더 강한 사람도 있다. 고대 철학자 히포크라테스는 사람의 기질을 담즙질, 흑담즙질, 다혈질, 점액질의 4가지로 분류하였다.

한편 성품은 사람의 마음결이다. 겸손, 용기, 절제, 용기, 인내, 자비 등의 단어는 성격이 아니라 성품과 관련되어 있다. 목회의 많은 부분은 사람과의 관계에 있기 때문에 신앙과 삶, 관계의 일치를 위한 성품훈련이 필요하다. 아무리 설교를 잘하고 지성이 출중해도 인격적으로 결함이 크면 무엇으로도 대체할 수 없다.

셋째, 목사는 가정을 잘 지켜야 한다(4-5절). 바울은 가정을 잘 다스리는 자들 중에서 감독을 택하라고 말한다. 예수님과 바울은 교회를 가족에 비유한 바 있다. 교회를 가장 잘 설명할 수 있는 비유 대상이 가정이기 때문이다. 예수님은 작은 일에 충성한 자에게 큰일을 맡긴다고 말씀하셨다. 그리고 바울은 가정을 잘 다스리지 못하면 교회도 잘 돌보지 못한다고 단언했다. 예비 목회자뿐만 아니라 현직 목회자가 걸려 넘어지기 가장 쉬운 영역은 가정이다. 그래서 가정은 영성을 시험하고 확증하는 최고의 공간이기도 하다.

개인적으로 인격과 실력 양면에서 모두 출중하고, 교회 역시 날로 성장한다 해도, 자녀들의 신앙 교육에 실패하면 목회의 동력을 상실하기 마련이다. 반대로 가정을 잘 지키면 목회도 같이 빛난다.

그러기에 가정을 잘 돌보는 것을 목회자의 선발 요건으로 명시한 것은 마땅하다. 에베소의 가정 규례대로 서로 사랑하고 서로 순종하는 일에 날마다 헌신해야 할 것이다.

넷째, 목회자는 교회가 요구하는 조건도 충족해야 한다(6절). 바울은 하나님의 부르심과 열망, 개인의 준비와 자질, 가정을 잘 꾸리는 것 다음으로 교회라는 영역에서 요구되는 조건을 기술한다. 교회가 요구하는 조건은 새로 입교한 자, 곧 예수님을 믿은 지 얼마 안 되는 이들이 목사가 되어서는 안 된다는 것이다.

이 말은 곧 영적으로 성숙해야 함을 의미한다. 영적인 성장은 생물학적인 성장과는 다르다. 자연은 봄, 여름, 가을, 겨울이라는 시간의 질서에 충실하여 성장하지만, 영혼은 시간의 질서를 넘어 성장할 수도 있기 때문이다. 하지만 전체를 두고 보면 영적인 이치는 시간과 시련을 통해 성숙해야 한다는 자연의 순리와 별반 다르지 않다. 그러므로 준비된 자가 되기 위하여 더욱 박차를 가해야 한다.

마지막으로는 사회에 대한 관심이다. 앞서 요구된 목회자의 자질이 교회 안에서 해당하는 것이었다면, 7절은 교회 밖의 시각을 말하고 있다.

최근 기독교에 대한 사람들의 반감이 이처럼 노골적으로 드러난 적도 없다는 생각을 하게 된다. 교회에 대한 비판 그 한 가운데에는 목회자가 있다. 일반인들에게 목사는 교만하고 무례하기 짝이 없는 이들이고, 말도 안 되는 말을 우기는 지적으로 덜 갖추어진 사람이며, 그러면서도 교회를 이용해서 떵떵거리며 잘 먹고 잘사는 유한계급일 뿐이다. 3절에 나온 바와 같이, 목사라면 지당 돈을 사랑하지 않아야 하고, 지성과 영성을 단련해야 하고, 인격적으로도 본이 되어야 하지만 실상은 그러지 못하기 때문일 것이다.

사회 전체뿐만 아니라 지역도 염두에 두어야 한다. 먼 데보다 가까운 곳을 더 조심해야 한다는 것은 동서고금의 진리이리라. 만일 교회가 지역 사회를 돕는 역할과 기능에 충실하다면 비판은커녕 칭찬을 받게 될 것이다. 목사는 한 사회 전체를 아우르는 영적인 리더십을 가져야 함과 더불어, 지역에서도 리더로서 섬기고 봉사해야 한다. 안타깝게도 대개 그러지 못하다는 것이 나의 자화상이기도 하고, 현실이기도 하다. 결국 이러한 사회적 의식과 분위기 속에서 필요한 것은 목사에 대한 올바른 정체성이다. 바울의 네 가지 가르침대로 마음을 다잡고, 그 분량에 도달하기까지 힘써야 할 것이다.

하지만 이러한 요청은 비단 목회자에게만 국한되지 않는다. 그래서 이 말씀은 나와 관계없이 지나칠 수 없다. 바울이 가르친 집사에 대한 규칙의 요점은, 집사의 자질은 목사와 다를 바 없으며 오히려 그에 못지않은 엄한 요구가 필요하다는 것이다(8-13절). 바울이 말하는 합당한 자질을 갖춘 목회자, 나아가서는 그리스도인들이 되어 정체성에 맞는 삶을 살아간다면 이보다 더 바랄 것이 없으리라.

목사라는 이름이
무겁게 느껴질 때

목사에 대한 단상 3

목사 노릇한 지 십년이 조금 넘었다. 그간 많은 우여곡절과 파란을 겪었고, 천국과 지옥의 경계도 넘나들었다. 그래서 가끔은 목사의 직분을 감당하기 싫을 때가 있다. 그럴 만한 일이 있어서도 아니고, 한량없이 쉬고 싶어서도 아니다. 으레 예배를 드리다 보면 끓는 주전자 속의 개구리마냥 매너리즘에 빠질 때가 있는데, 그 모습이 싫기 때문이다. 다른 것도 아니고 예배와 설교가 식상하고 진부해지면 안 되지 않나 하는 조바심이리라.

사실 나의 솔직한 속내는 다른 곳에 있으니 바로 설교다. 설교에 대한 부담은 내용이나 수사와 문장, 혹은 횟수의 많고 적음에 있지 않다. 나를 시름하게 하는 것은 설교와 일치하지 않는 나의 삶 그 자체다. 그래서 설교하는 내내 '그러는 너는?', '너나 잘하지 그래', '너도 그렇게 살지 못하면서 다른 사람들에게 설교할 수 있어?'라는 조소와 냉소를 떨치기가 힘들다.

언젠가 교우 한 분이 교회에 다니기 싫다는 내용의 이메일을 보내 왔다. 교회가 싫은 것도 아니고, 목사인 내가 미운 것도 아닌데, 바로 그게 부담이란다. 자신의 이중적이고 위선적인 모습을 말하며 교회에 오는 것은 좋은데 삶이 뒷받침되지 않으니 힘들다는 것이다. 더 이상 내면의 참담한 얼굴을 숨기고 그럴 듯하게 예배하는 것도 지쳤다 한다.

한두 명만 안 나와도 바로 드러나는 작은 신앙 공동체 목사인지라 이메일 받고 마음이 쿵쾅 뛰었다. 한 사람의 실존적인 고민을 들으면서 그의 아픔을 느끼기보다 교인 수 생각부터 하는 내가 정말 미웠다. 그러니 목사 노릇 하기 싫다는 것이다. 사실 문제의 원인을 추적해 보면, 목사직 자체가 아니라 제대로 된 목사가 되지 못한 내 탓인데도 나는 엉뚱하게 목사라는 직분에 화풀이하고 탓하고 있었던 것이다.

주일 날 예배를 드리고 그분과 이야기를 나누게 되었다. 나는 그분에게 이렇게 말했다. "참 부럽다. 너는 네 모습이 싫어서 교회 안 나올 수 있지만, 나는 내가 역겨울 때가 많아도 항상 여기에 있어야 하니 말이다." 참으로 오묘하게도 나는 그 사건으로 인해 얼마간의 위로를 받았다. 위로의 원천은 나만 믿음과 삶의 힘겨루기에 전전긍긍한 게 아니라는 사실이었다.

그런데 요한복음 12장 20-33절은 우리에게 더 큰 위로를 주고 있다. 예수님은 십자가에서 죽는 것은 고난이 아닌 영광이라고 말씀하신다. 고난의 길을 지나 영광에 들어서게 된다는 것도 많은 생각을 하게 하는데 고난 자체가 영광이라니, 참으로 불가해한 세계관이다. 하지만 더없이 이상적인 이야기를 하시던 예수님도 결국 속내를 드러내셨다. "지금 내 마음이 걷잡을 수 없이 괴롭다. 피할 수만 있다면 벗어나고 싶다"(27절). 십자가가 영광이라고 말씀하셨지만, 마음은 피하고 싶으셨던 것이다.

그리고 애써 태연한 척하지 않으시고 심정 그대로 고백하셨다. "나도 하기 싫다!" 이 말씀 속에서 '하나님의 아들인 나도 하기 싫은데, 너희는 오죽 힘들고 고통스럽겠니'라는 위로를 느낀다. 우리를 넉넉히 이해해 주실 것이기에 감사하고, 그럼에도 고난을 영광으로 인식하고 그 길을 가신 것에 감사한다. 하지만 교인에게서 동병상련의 위안과 주님의 인간적인 모습에 은혜를 받았음에도 불구하고 아직도 그대로인 내 모습을 보면 쉽게 용서가 되질 않는다.

설교할 때 속으로 이런 생각을 왕왕 하곤 한다. "성도 여러분, 저는 합당한 자격이 없으므로 설교를 할 자신이 없습니다. 설교를 잘 준비하지 못했을 뿐더러 설교한 대로 살지 못하는데 어떻게 설교할 수 있겠습니까? 그래서 오늘은 설교 못하겠습니다." 이렇게 선언하고 내려오면 교인들의 반응은 어떨까 하고 말이다. 격려가 나올지, 냉소가 흐를지, 혼란이 야기될지, 아니면 그 모든 것이 한꺼번에 터져 나올지 도통 모르겠다.

하지만 그런 말을 하고플 때마다 꾹 참는 것밖에 다른 도리가 없다. 그것은 적나라한 내 자신을 훑어내는 것이 창피해서가 아니다. 내가 끝내 그런 고백을 하지 않는 이유는 다른 데 있다. 만약 내가 성도들 앞에서 그런 고백을 한다면, 아마 나는 일 년 내내 그렇게 말해야 할 것이다. 그럴 바에는 목사 노릇을 그만 두는 게 마땅할지도 모르겠다. 그렇다면 목사라는 이름이 주는 딜레마를 어떻게 극복해야 할까?

먼저는 교인들에게 한 번은 솔직할 필요가 있다. 그 교인처럼 나도 불완전한 사람이고 넘어질 때가 많다고 말이다. 나는 말보다 더 확실하고 오래도록 기억될 수 있는 글을 빌려 고백한다. 부디 나같이 부족한 목사 때문에 위로를 받았으면 좋겠다. 교인들에게 나의 연약함을 고백하는 것은 부끄러운 일이 아니라고 믿는다. 더없이 솔직한 고백은 부족한 사람을 목사로 존중하고 섬겨 주는 교인들을 향한 사랑과 감사를 다시금 깨닫게 하고, 부족한 목사를 위해 기도할 수 있도록 길을 열어 주는 일이다.

두 번째로는 은혜를 은혜로 아는 것이다. 존 뉴턴의 찬송시를 바꿔 말하면 이렇지 않을까? "나 같은 죄인 살리시고 목사로 세우신 주 은혜 놀라워!"

나는 부족하고 연약한 존재이지만 은혜가 있으므로 이 자리에 서 있는 것이라는 자의식이 있어야 한다. 목사라는 직분을 감당하게 될 때 '내가 과연 이 자리에 서도 되는 사람인가' 하는 물음은 피할 수 없다. 그렇다고 해서 여기에 얽매일 필요는 없다. 왜냐하면 이 자리는 내가 자격이 있기 때문이 아니라, 하나님이 은혜로 자격을 주시는 것이기 때문이다.

마지막으로는 이중적인 모습을 위선으로 인식하지 말고 긴장으로 받아들이는 것이다. 우리 교회에는 김기현이라는 사람이 둘 있다. 한 사람은 설교하는 목사 김기현이고, 다른 한 사람은 설교를 듣는 교인 김기현이다. 그러니까 나는 설교하는 자이면서 동시에 설교를 듣는 자다.

칼 바르트(Karl Barth)가 하나님의 계시의 3중 형태에 예수, 성서와 더불어 설교를 포함시킨 것에 힘입어 감히 말하자면, 설교할 때의 나는 하나님인 동시에 인간이다. 그러면서도 나는 설교의 일차 청중이자 최초 청중이다. 중요한 것은 둘 사이의 균형을 맞추는 일인데, 설교자만 되면 교만해지고 청중만 되면 비굴해지기 때문이다. 그러므로 담대하게 하나님 말씀을 전할 것이고 겸손하게 하나님 말씀을 들을 것이다. 영적 건강은 바로 여기에서 비롯되는 것이리라.

그래서 나는 목사이자 교인이라는 이중적 정체성 사이의 힘겨루기를 견뎌내면서 그 사이에 서 있을 테다. 시계추마냥 양 극단을 오가는 것을 감수하련다. 본디 나는 그런 존재이고 그렇기에 하나님이 나를 목사로 세우셨기 때문이다. 그렇기에 달리 내가 무엇을 할 수 있단 말인가.

"목사 하기 싫어"라며 가슴을 치면서도, 이것 외에는 다른 무엇으로 내가 죄인이라는 사실을 깨칠 도리가 없으니 이 길에서 벗어나지 않으련다. 죄인으로서의 모습과 예수님을 닮아가려는 모습 사이에서 적지 않은 안간힘을 쓰면서 예수님께로 한 걸음 더 나아갈 것이다. 그런 본연의 내 모습에서, 그런 나를 격려하는 교우들에게서, 그리고 그런 나를 사랑하시는 하늘 아빠에게서 은혜와 사명의 원동력이 나온다. 그래서 나는 "나, 목사 하기 싫어!"와 "나, 목사 하고 싶어!" 사이에 서 있다. 나는 그런 목사다.

그럼에도 불구하고

목사에 대한 단상 4

목회자들의 가장 큰 고민은 십중팔구 교회의 성장이거나 부흥일 것이다. 대형교회는 그 크기 나름대로 성장의 가속도를 유지해야 하고, 작은 교회들은 생존을 위해서라도 성장에 목매달 수밖에 없다. 하지만 이런 주류의 흐름에도 굴하지 않고 꿋꿋하게 예수가 원했던 공동체를 건설하려는 소수의 목회자들이 있어 일말의 희망은 있다.

그렇다면 '교회 성장을 위한 최고의 방법은 무엇인가'라고 보다 구체적으로 묻는다면 대개 설교라고 답할 것이다. 사실 목회자가 교회에서 해야 할 일들을 나열한다면 무수히 많다. 행정, 교육, 심방, 예배, 전도와 선교, 사회적 실천과 봉사 등 열 손가락이 모자랄 지경이다. 하지만 그중에서도 목회자의 첫 번째 과업은 단연 설교라는 것에 큰 이견은 없을 것이다. 그래서 목회자를 설교자라고도 하지 않는가.

　이처럼 목회자들의 고민을 설교로 국한시켜서 말한다면 방금 전의 질문은 '설교를 어떻게 하면 잘할 수 있을 것인가'로 압축된다. 하지만 겉으로 드러난 '설교 잘하는 목사'라는 말에는 그 말이 주는 무게만큼이나 깊은 고뇌가 담겨 있다. '어떻게 하면 설교를 잘할 수 있을까?'라는 물음 못지않게 자주 던지는 은밀한 물음은 '어떻게 하면 설교한 대로 잘 살 수 있을까?'이기 때문이다.

　목회자들을 향한 가장 큰 자탄은 설교한 대로 살지 않는 목회자들의 삶에 있다. 목회자라면 설교와 일상 사이의 불일치와 긴장은 늘 있기 마련이다. 그런데 스스로의 자탄이 아닌 타인에게서 "너 목사 맞아? 아니, 예수 믿는 거 맞아?"라는 이야기를 들으면 참으로 참담하다. 가장 느닷없이 직격탄을 날리는 것은 나의 가족이다. 특히나 설교에 관한 한 최고의 비판자는 아내다. 준비된 원고에 없던 예화나 말을 하면 영락없이 알아채고는 한마디 던진다.

　이건 약과에 불과하다. 얼마 전 아이들이 "아빠, 목사 맞아요?"라고 묻는 것이 아닌가. 언제 적 설교인지도 잊어버린 내용을 끄집어내면서 말이다. 간혹 아이들이 말을 잘 듣지 않을 때 소리를 지르거나 체벌을 하는 모습은 스스로 보기에도 한심한데, 아이들의 눈에는 얼마나 모순투성이이겠는가? 여기에 덧붙여 "아빠는 설교를 할 때는 참 논리적으로 잘하는데 평상시는 전혀 그렇지 않아요"라는 말까지 한다.

이런 스스로의 모습에 실망하다가도, 타락한 인간의 본성이 그러려니 하며 위안을 삼기도 한다. 누가 말하지 않아도 나는 악하고 약한 존재이므로 새삼스러울 것도 없다. 단지 그토록 감추고 싶었던 속사람이 들통난 것뿐이다.

스코틀랜드 출신의 인도 선교사 레슬리 뉴비긴(Lesslie Newbigin)은 성경과 성도를 번역이라는 용어로 설명하였다. 하나님의 말씀은 성경으로, 그리고 성도의 삶으로 번역되었다는 것이다. 번역은 애초부터 반역이라 할지라도 외국어를 모르는 사람으로서는 번역에 의지해서 들을 수밖에 없다. 물론 가끔은 오역을 해서 번역자의 자격에 대한 논란이 벌어지기도 한다. 그런데 놀라운 것은 하나님이 오해와 오역의 위험을 감수하신다는 것이다. 그래서 우리에게는 창조적 해석의 길이 열리는 것이다. 비록 실수투성이더라도 말이다.

깨진 거울 이미지가 떠오른다. 전면을 비출 요량으로 거울을 샀더니 그만 깨진 것이다. 그러나 깨진 거울이라 사물을 제대로 비추지는 못할지라도 거울임에는 변함이 없다. 구입할 당시 소기의 목적에는 좀 빗나갔지만 아쉬운 대로 쓸 만하다.

다시금 스스로에게 묻는다. '나, 목사 맞아?' 이 물음에 그렇다고 답한다. 이렇듯 대답하고도 뻔뻔하기까지 한 대답을 할 수 있는 이유는, 깨진 거울을 결코 버리시지 않는 하나님 때문이다. 우리나라와 마찬가지로 이스라엘에서도 잘못 만들어진 그릇은 깨버린다. 그런데 이스라엘에서는 산산 조각난 파편으로 다시 새로운 그릇을 만든다. 이것이 예레미야서와 로마서에 등장하는 옹기장이 이야기의 배경이다. 하나님의 은총이 없다면 이 세상에 남아 있는 것은 아무것도 없을 것이다.

'그럼에도 불구하고' 희망을 품는 두 번째 이유는 따끔하지만 따뜻한 충고를 마다하지 않는 가족과, 말과 글처럼 삶을 사는 목회자로 성숙하기를 기대하는 교우들이 있기 때문이다. 교우들이 말을 안 해서 그렇지 어찌 내 허물과 흠이 보이지 않겠는가? 주님이 그러하듯이 믿어주기에 기대하고, 사랑하기에 기다리고, 기도하는 까닭에 잠잠할 따름이다. 방식만 다를 뿐 그래도 나는 사랑받기 위해 태어난 존재임에 틀림없고, 지금 그 사랑을 받고 있음이 분명하다.

마지막으로는 어찌하든지 간에 스스로 경건의 연습을 하기 때문이다. 바울은 후배 목회자인 디모데에게 권면한다. "경건함에 이르도록 자기를 훈련하십시오."(딤전 4:7, 새번역). 훈련 도구는 말씀과 기도다(딤전 4:5). 지금은 어린아이와 같이 생각하고 행동하지만, 훗날 어른이 되어 어릴 적의 미성숙한 모습을 버릴 수 있을 때까지 훈련을 그치지 말아야 할 것이다(고전 13:11). 그러다 보면 언젠가 말과 글을 삶과 일치시키는 날이 이르리라 믿는다. 그리하여 마침내 우리 모두가 하나님의 아들을 믿는 일과 아는 일에 하나가 되고 성숙한 사람이 되어, 그리스도의 완전하신 경지에까지 이르게 될 것이다(엡 4:13).

3부

그리스도인의 삶에 대하여

노력 없는 기도,
기도 없는 노력

기도에 대한 단상

그리스도인의 딜레마 중에 하나는 기도와 노력의 관계다. 기도와 노력은 얼핏 조화되지 않는 단어들 같다. 어떤 이들은 기도보다 우리의 행동이 중요하다고 생각한다. 기도 없이도 노력만 하면 뜻을 이룰 수 있다는 것이다. 하지만 정작 삶이란 우리가 아무리 발버둥을 쳐도 벗어날 수 없을 때가 많다.

삶의 정점에서 뜻하지 않은 질병이나 사고를 만나거나, 힘들게 쌓아올린 탑들이 한순간에 무너지고 마는 인간의 굴레에서 벗어날 수 없기 때문이다. 그래서 하이데거는 인간에 대해 죽을 수밖에 없는 유한한 실존이라고 정의했다. 죽음을 인식하며 살아가는 존재인 인간에게 불안은 실존의 한 전형이다. 어쩔 수 없는 인간의 한계 때문에 노력만으로는 부족하다는 것이다.

한편 어떤 사람은 기도를 현실도피의 수단으로 생각하기도 한다. 기도만 하고 아무 노력도 하지 않는 것이다. 하지만 기도하는 대신 노력을 등한시하는 것 역시 기도의 본질에 어긋나는 일이다. 성경에는 기도와 노력의 관계에 대한 좋은 본보기가 많다. 먼저 야곱이다. 야곱은 꾀가 많았지만 복을 타고난 사람이었다.

그렇지만 동시에 그는 누구보다 열심히 산 사람이기도 하다. 그는 하란에서 외삼촌 라반의 가축들을 정성스레 돌보며 20여년을 눈붙일 겨를도 없이 일했다. 특별히 잃어버린 것도 없었고 혹 맹수가 물어간 것은 알아서 보충했다. 그가 거부(巨富)가 되어 돌아오게 된 것은 전적인 하나님의 은혜였지만, 야곱은 하나님 은혜와 약속만 믿고 게으르게 살지 않았다.

형 에서를 만날 때도 그러했다. 해석의 다면성이 존재하기는 하지만, 형에게 보낸 선물과 그 선물 앞뒤에 그가 행한 기도는 기도와 노력이 결코 분리된 것이 아니라는 하나의 예증이다. 야곱은 교활한 꾀로 우둔한 에서를 속여 형의 장자권과 축복을 가로챘다. 분통이 터진 에서는 복수하리라 마음먹었다. 그런 형과의 상봉을 앞두고 야곱은 얍복강 나루터에서 하나님과 싸움을 한다. 그 후 많은 선물을 들고 형에게 용서와 화해를 요청한다. 자신의 지난 과오를 사죄하고 형의 마음을 누그러뜨리는 선물은 결코 잔꾀나 불신앙으로 해석될 수 없다.

다음은 다니엘이다. 어린 나이에 낯선 땅 바벨론에 끌려간 다니엘의 삶은 뜻을 정한 인생이었다. 몇 번이나 왕과 왕조가 바뀌어도 흔들림 없이 최정상의 자리를 지켰다. 그를 탄핵하려는 세력들은 다니엘의 주변을 샅샅이 탐문했다. 하지만 그들은 충성스러운 다니엘에게서 어떤 실수나 잘못을 찾아낼 수 없었다(단 6:4). 겨우 트집을 잡은 것이 하나님의 성전이 있는 예루살렘을 향해 기도한 것이었다.

또 한 사람, 느헤미야가 있다. 느헤미야서는 족보나 명단을 기록한 한두 장을 제외하고는 느헤미야를 기도하는 자로 소개한다. 일상의 처음과 끝이 기도로 채워져 있었으며, 어떠한 상황에서도 기도하기를 잊지 않았다. 사실 느헤미야는 그렇게 간절한 기도가 그다지 필요 없는 사람처럼 보이기도 한다. 탁월한 정치력과 실력이 있었고 왕의 든든한 후원이 있었기 때문이다. 그런데도 그는 마치 기도 없이는 아무 일도 할 수 없다는 듯이 기도하는 데 몰두하였다. 그러면서도 동시에 누구도 하지 못했던 예루살렘 성벽을 밤낮없이 일해서 52일 만에 재건한다.

기도와 노력은 대립하지 않고 양립한다. 그런 점에서 헨리 나우웬의 말은 적절하다. "기도와 행동은 절대 상충되는 것이나 상호 배타적인 것으로 보아서는 안 된다. 노력 없는 기도는 무력한 경건주의로 변질되고 기도 없는 노력은 의심스런 조작으로 전락한다."[2] 기도하는 사람은 땀 흘려 일할 현장으로 나가야 하고, 노력하는 자는 기도의 골방을 찾아야 한다. 기도는 노력을 이끌어내고 노력은 기도로 연결된다. 노력하지 않고 기도하는 것이 인간의 교활이라면 기도

하지 않고 노력만 하는 것은 인간의 교만이다.

기도가 노력이고 노력이 기도다. 물론 복음과 성서는 기도가 우선한다고 이야기한다. 먼저 그의 나라와 그의 의를 구해야 하기 때문이다. 기도와 노력은 어느 정도의 구별이 있지만 결국 동전의 양면이요, 새의 두 날개다. 둘이지만 결코 둘이 아니며 분리될 수 없는 하나다. 찾고, 얻고, 열어야 할 문이 있다면 계속해서 기도하라! 그리고 기도한 대로 될 줄 믿고 골방을 열고 나와 야곱처럼 눈 붙일 겨를도 없이 일하라!

---

2. Henri Nouwen, 『기도의 삶』 윤종석 역, 복있는사람, 2013, 148쪽

글 짓는 그리스도인

그리스도인의 영성훈련

그리스도인이 글을 짓는 이유에 대해 생각해 보려 한다. 먼저 우리는 하나님과의 관계가 깊어지기 위해서 글을 써야 한다. 기독교 안에서 많이 회자되는 단어는 '영성'이다. 그렇다면 영성이란 무엇인가? 요한복음 1장 14절에서는 "말씀이 육신이 되어 우리 가운데 거하시매 우리가 그의 영광을 보니"라고 말한다. 비슷한 맥락으로 요한복음 3장 8절에서는 "바람이 임의로 불매 네가 그 소리는 들어도 어디서 와서 어디로 가는지 알지 못하나니 성령으로 난 사람도 다 그러하니라"고 말씀한다.

두 말씀을 관통하는 주제는 보이지 않는 하나님이 우리 안에 나타나셨다는 것이다. 깃발이 나부끼는 것에서 바람의 존재를 느끼듯 영적인 삶은 보이지 않는 하나님과의 관계를 보이는 것으로 표현하는 데서 드러난다. 영성을 표현하는 데에는 예배와 기도, 관계, 일상의 삶까지 각양각색의 방식이 있다. 그중에서도 2000년 기독교 역사에서 아주 중요한 흐름이었지만 오늘날에는 잊힌 영성훈련 방식이 바로 글쓰기다.

사실 많은 사람이 글을 어떻게 써야할지 막연해할 때가 참으로 많다. 그런데 일단 글을 쓰기 시작하면 실타래처럼 얽힌 생각들이 정리되는 경험을 하곤 한다. 마찬가지로 보이지 않는 하나님의 이야기를 글로 쓰기 시작하면 하나님과의 관계가 글로 구체화되는 것을 경험할 수 있다. 대표적인 것이 기도문이다. 하나님과의 경험을 글로 쓰면 관계가 깊어지고 명확해진다. 기도를 열심히 해도 끝나고 나면 무슨 내용으로 기도했는지 모를 때가 많다. 그러면 기도 응답이 와도 크게 감격할 수 없다. 하지만 기도를 써보면 내가 무슨 기도를 했는지를 알게 되고, 말로 하는 기도와는 또 다른 깊은 감동을 받을 수 있다.

두 번째는 나 자신과의 관계를 위해 글을 써야 한다. 즉 글쓰기를 통해 내면을 치유하는 것이다. 다윗은 참으로 극적인 삶을 살았던 사람이다. 자신을 죽이기 위해 악착같이 따라오던 사울의 그림자를 피해 사방으로 유리하는 몸으로 살아야 했다. 그렇다면, 그런 극적인 상황 속에서도 하나님을 찬양하던 다윗의 마음속에는 사울에 대한 분노가 없었을까? 결코 아니다. 왜냐하면 미움, 분노, 슬픔 등

다윗이 느끼는 감정들이 그대로 시편에 나오기 때문이다. 150편의 시 중에서 무려 33편이 저주시임을 감안한다면, 그는 마음이 산산이 부서지는 경험을 할 때마다 글로 표현했음을 알 수 있다. 성경을 주야로 묵상하면서도 해결되지 않았던 내면의 감정들, 곧 슬픔, 미움, 증오, 한탄, 저주를 가감하지 않고 글로 남긴 것이다.

사울은 분노가 차오르면 자기 안의 감정을 제어하지 못하고 다른 사람을 향해 폭력을 행사했다. 그러나 다윗은 마음속의 미움과 분노를 시편이라는 글로 남겼다. 그 글이 다윗을 치유했을 뿐 아니라 한없이 확장되어 우리의 마음까지 정화시켜 주고 있다는 것은 우연한 일이 아닐 것이다. 그래서 다윗의 시편은 모든 성도가 사랑한다. 외롭고, 쓸쓸하고, 서러울 때, 때로는 기쁨의 감정을 주체하지 못할 때에도 우리는 시편을 읽으면서 기도하고 노래한다. 이처럼 내밀한 감정들을 글로 진술하게 써 내려가는 과정은 우리의 내면을 치유하는 유용한 도구가 될 수 있다.

또 한 가지는 생각하기 위해 글을 써야 한다. 기독교인들을 향한 부정적인 말 중 하나가 '맹목적이다'라는 말이다. 별다른 생각이나 의심 없이 무조건 믿는다는 것이다. 하지만 하나님은 우리에게 지성을 주셨다. 그러므로 생각하는 그리스도인이 되는 것은 우리의 존재성에 부합하는 마땅한 일이다. 생각하는 힘을 기르기 위한 가장 좋은 방법은 독서와 글쓰기다.

우리 시대에는 타종교나 특별히 무신론 저자들이 각광을 받고 있다. 그들이 사람들을 설득하는 이유는 글을 잘 쓰기 때문이다. 일차적으로 어떤 내용을 담고 있느냐를 떠나서 그 내용을 사람들이 이해할 수 있는 언어와 문체로 표현했기 때문에 많은 사람의 공감을 이끄는 것이다. 그래서 많은 책을 읽고, 좋은 생각을 하고, 다른 이들을 위한 글쓰기를 하는 것 역시 전도의 일환이라 생각한다.

마지막으로는 이웃과의 관계를 위해 글쓰기를 해야 한다. 글을 쓰면 먼저는 가족, 친구, 교회, 직장 등 가까운 관계와 소통할 수 있다. 사도 바울은 유럽과 아시아를 돌아다니며 복음을 전하고 교회를 개척했다. 한 교회를 개척한 다음에 다른 지역으로 갔는데 이전에 머물던 교회들에 크고 작은 문제들이 생겼다. 모든 교회에 직접 갈 수 없었던 바울이 선택한 방법은 편지를 쓰는 것이었다. 그리하여 교회의 소식을 주고받고, 그들에게 적절한 해결책을 제시한 편지만 총 13권에 이른다. 신약 27권 중에서는 편지 형식이 무려 21권이나 된다. 어디로 튈지 모르는 말과 달리, 편지는 서로 공감할 수 있는 여지가 넓기에 소통에 매우 좋은 방식이다.

그리고 또 하나는 먼 관계, 곧 세상을 향해서도 글쓰기는 유용한 도구다. 그리스도인들은 하나님의 증인으로서 이 세상에 하나님 나라를 이루라는 부르심을 받았다. 성경의 이야기를 보면 하나님은 말로 창조하시고 성경이라는 글로 구원하셨다. 2000년 동안 동서를 막론하고 수많은 사람이 하나님을 알고 변화되었다. 성경이 없었다면 우리는 하나님이 어떤 분이신지 알 수 없었을 것이다. 그리하여

감히 이런 고백을 한다. 글이 세상을 구원한다고.

　세상을 바꾼 책을 하나 꼽으라고 한다면 칼 마르크스의 『자본론』은 여지없이 들어갈 것이다. 이 책을 통해 사회주의와 공산주의가 탄생했으며 많은 이들이 자본론에 심취하여 자신의 삶을 바꿨다. 책 한 권이 사람과 세상을 이토록 바꿔 놓았으니, 글이 지닌 힘을 이보다 더 분명히 말할 수는 없을 것이다.

　예수의 제자는 예수를 기억하는 사람이며 예수를 기록하는 사람이다. 열두 제자와 초대교회 사람들이 예수의 이야기와 가르침을 남겼기에 오늘날 우리도 예수를 그리스도로 고백할 수 있는 것이다. 그래서 그리스도인이 된다는 것은 예수의 삶과 가르침을 기억하고, 예수와의 만남을 글로 기록하는 삶을 사는 것을 의미한다. 제자들이 그러했듯이 예수를 기억하고 기록하는 삶, 그리하여 다른 사람들에게 복음을 전할 수 있는 사람이 되기를 소망한다.

L목사님께 드리는 편지

주기도문에 대하여

L목사님,

주님의 은혜와 평화를 전합니다. 얼마 전 당신의 사역과 근황을 다른 목사님이 전해 주더군요. 간간히 생각나던 중에 당신의 전화를 받고 얼마나 반가웠는지 모릅니다. 학창 시절 추억을 더듬다가 우리는 목회와 신학에 관한 이야기에 이르렀는데, 결국 그 주제는 기도로 귀결되었지요. 그러면서 목회자의 최우선 순위는 말씀선포와 성도 한 사람을 위해 기도하는 것이라는 참으로 소박한 결론을 얻으셨다 했습니다.

당신과의 대화 중에 기도에 관한 물음은 유독 마음에 와 닿았습니다. 기도에 관한 한 당신의 고민은 저와 다르지 않더군요. 그 물음은 비단 저와 목사님에게만 적용되는 것이 아니라, 질문하는 그리스도인이라면 끌어안고 답해야 할 물음일 것입니다.

개인적인 고민을 덧붙이자면, 기도에 대한 갈망으로 기도에 관련된 도서들을 탐독하지만 읽으면 읽을수록 기도가 멀어지는 느낌을 받는다는 것입니다. 사실 기도에 관한 책들은 널려 있습니다. 허나 숱하게 쏟아져 나오는 기도의 방법론은 저를 어리둥절하게 만들 따름입니다. 그저 기도라고 하면 그만일 것을 무에 그리 이름이 많은지 모르겠습니다. 다양한 기도의 형태들이 진공 상태에서 나온 것은 아닐 테고 각자 그 나름대로 실용성과 효용성이 입증되었기에 회자되었을 것입니다. 그래서 선뜻 수용하기에 걸리는 것이 한두 가지가 아닙니다.

가령 통성 기도나 삼창 기도는 인간의 욕망을 하나님에게 투영하는 기복주의 신앙의 전형이자 어린아이 신앙의 형태인 것 같아영 어색합니다. 한편 가톨릭의 관상기도와 동방정교회의 기도는 다른 전통과 지평에 서 있기에 우리가 제대로 배우기란 쉽지 않습니다. 더구나 신비적인 분위기 때문에 말씀 중심의 전통에서 나고 자란 당신으로서는 조심스럽습니다.

저는 물음에 대한 답으로 『주여, 기도를 가르쳐 주소서』를 바탕으로 기도에 대한 견해를 밝히겠습니다. 이 책의 저자 중 한 사람인 스탠리 하우어워스(Stanley Hauerwas)는 오늘날 미국 최고의 신학자라 불리고 있습니다. 다른 한 사람은 윌리엄 헨리 윌리몬(William H. Willimon)인데 그는 영어권 최고 설교자 12인에 선정되었던 분입니다. 기도를 몸이 아니라 머리로, 실천이 아니라 관념으로만 습득하면서 생긴 독을 제거하는 처방으로 이 책은 주기도를 배울 것을 제시합니다.

두 사람은 기독교를 이해하는 방식과 교리 체계를 바라보는 관점이 다릅니다. 이들에게 기독교는 기도입니다. 그렇다고 교리를 전적으로 부인하는 것은 아닙니다. 기실 신학도 하나의 실천 행위라는 점에서 현실과 동떨어진 고리타분한 체계로 치부해서는 안 되지요. 신학과 교리도 알고 보면 기도요, 실천인 까닭입니다. 교리는 우리로 하여금 올바른 기도를 하도록 이끌어 줍니다.

주기도는 기도를 기도답게 하며 신자를 신자답게 만듭니다. 주기도를 함으로써 우리는 그리스도인이 되어 가는 것입니다. 주기도를 통해 철옹성 같던 내 뜻을 내려놓고 아버지의 뜻에 순종하게 됩니다. 주기도 안에서 이웃을 만나고 자기를 발견합니다. 그토록 밉던 원수의 얼굴에서 하나님의 얼굴을 보게 되며, 원수의 얼굴이 다름 아닌 내 얼굴임을 알게 됩니다. 하여 나도 용서받은 자라는 사실을 깨닫고 다른 사람을 용서하게 됩니다. 또한 날마다 일용할 양식 이상의 것을 탐내던 고삐 풀린 욕망을 거두어 들이게 됩니다. 내 욕망을 하나님께 투사해서 필요를 채우려는 이방인의 기도가 아니라 하나님의 뜻과 때를 구하는 주기도야말로 기도의 본질과 의미에 부합한 것이겠지요.

결국 주기도는 우리를 하나님 나라의 여정으로 초대합니다. 주의 기도로 기도함으로써 우리는 그분을 따르는 제자가 될 것인가 아니면 그분을 떠나는 무리가 될 것인가의 양자택일 기로에 서게 됩니다. 주기도에 대한 이보다 더 명료한 해석은 없을 듯합니다.

이와 함께 주기도는 우리에게 더 많은 생각을 갖게 합니다. 내 뜻이 하나님 나라와 그분의 뜻에 부합한지, 왜 넘치는 양식이 아닌 일용할 양식에 한정해서 달라고 하는지, 왜 매번 용서에 관한 기도가 기도의 중심인지 등을 성찰하게 되는 것이지요. 그리하여 주기도를 통해 우리는 기도를 배우게 되고, 내면의 성품이 변화되는 영적 여정에 들어서게 됩니다. 그래서 저는 성서 중심적 믿음의 유산을 자랑스러워하는 당신에게 주기도문으로 기도할 것을 권합니다.

목사님,

사실 기도는 개인의 문제라기보다 교회 공동체 전체와 관련이 있습니다. 주님이 성전을 정화하시며 하신 말씀처럼 교회란 본디 기도하는 곳이니 교회가 기도하는 공동체가 되기를 소망하는 것은 당연한 일이겠지요. 그러면서도 기도만 열심히 하는 교회가 아니라 기도를 통하여 교회가 한 공동체, 하나 됨의 영광을 누리기를 바라실 것입니다.

그런 점에서 다른 어떤 기도보다도 공동체라는 특성이 도드라지는 기도가 바로 주기도입니다. 주기도 가운데 하나님의 이름을 부를 때 그 하나님은 '나'의 아빠가 아니라 '우리'의 아빠입니다. 그러하기에 그 맥락을 간과하면 기독교 신앙을 축소하는 것이지요.

김세윤 박사가 주기도문의 구조를 분석한 것을 토대로 볼 때 여섯 개의 청원들 중 후반부의 세 개, 즉 일용할 양식, 죄 용서, 시험으로부터의 보호는 '우리'의 청원이라 명명할 정도로 개인을 위한 기도가 아니라 공동체의 기도입니다. 특별히 누가복음의 주기도와 견주어볼 때 마태복음의 주기도는 공동체의 예배를 위해 잘 발전시켜 놓았습니다. 그러므로 주기도를 제대로 드리기 위해서는 공동체와 예배의 맥락을 간과할 수 없는 것입니다.

우리가 함께 모여 하나님을 '아빠'로 호명하는 것은 우리 모두가 같은 하나님을 아빠로 모시는 가족 공동체라는 점을 인식하는 계기가 됩니다. 이 기도를 함께 드리면서 우리는 가족이 되고 친구가 됩니다. 그래서 우리는 신앙 공동체의 일부가 되지 않고서는 진정한 주기도를 드릴 수 없습니다.

일용할 양식도 한 개인만의 문제는 아닙니다. 저도 목사님께 이 실직고 하겠습니다. 지금껏 나와 나의 가족, 혹은 너와 너의 가족의 빵을 위해 기도하기는 했지만 그것이 '우리의 기도'임을 인식한 적은 한 번도 없었음을 실토합니다. 그저 내 문제이거나 성도 각자가 해결해야 하는 것으로 생각했고, 또 그렇게 되기를 기도했을 따름입니다. 그러나 '우리의 일용할 양식을 구한다'는 것은 빵이 공동체적 산물일 뿐 아니라 공동의 책임이라는 뜻입니다.

두 번째 '우리'의 청원인 용서도 매한가지입니다. 여태껏 저는 용서에 방점을 두고 이 기도를 드렸습니다. 그런데 이 책은 '우리에게 죄 지은 자를 사하여 준 것같이'에서 중요한 것은 '우리'라는 복수형이라고 역설합니다. 무릇 죄란 관계를 전제하는 것이고 공동체와 결부되어 있습니다. 나와 무관한 듯 이 사회에서 벌어지는 온갖 해괴한 죄악들의 이면에는 우리가 있다는 것입니다. 그래서 주기도는 우리가 암묵적으로 폭력을 용인하고 있음을 고발하고, 그런 삶의 현장으로 나를 소환합니다. 그렇게 함으로써 우리는 가족이나 친구 사이에서 주고받은 상처를 용서하고 용서받을 뿐만 아니라, 교회와 사회에서 빚어지는 죄악들을 용서함으로써 세상 권세에 대한 그리스도의 승리를 선포하게 됩니다.

세 번째 청원인 '시험으로부터의 보호' 역시 우리를 유혹하는 실체가 사회를 배경으로 하기 때문에 개인적인 시험의 종류를 나열하지 않습니다. 경제, 인종, 민족, 성, 국가 안보, 미디어 등이 교회와 그리스도인을 죄악의 도랑으로 끌어들일 수 있음을 조목조목 지적합니다. 동시에 그런 권세로부터 자유할 수 있는 대안도 하나님의 백성 공동체의 구성원이 되는 길임을 보여 줍니다. 그리고 그 안에서 '우리를 악에서 구하옵소서'라는 기도가 응답받습니다. 이처럼 어느 누구도 홀로 주기도를 할 수 없고, 주기도의 삶을 살아낼 수 없습니다. 만일 홀로 기도한다면 주기도를 잘 이해하지 못한 것이고, 제대로 기도하지 못한 것일 테지요. 그래서 두 저자는 교회가 없다면 우리는 예수께서 가르쳐 주신 대로 기도할 수 없다고 말합니다.

목사님,

또 한 가지 덧붙이자면 기도는 정치가 아닌가 생각합니다. 기도가 정치라는 제 말에 당신은 눈살을 찌푸렸을지도 모르겠습니다. 구제와 봉사의 영역도 아니고 신앙의 심장부인 기도마저 정치화한다는 생각 때문이겠지요. 제발 이것만이라도 순수를 잃지 않도록 내버려 두면 좋지 않겠느냐는 말을 할 법합니다. 기독교 신앙에 정치적 요소가 다분하기는 하지만, 그것을 정치로 환원한다면 기독교의 고유한 정체성은 어디서 찾을 수 있겠느냐는 당신의 반론은 기독교 신앙의 본질을 정확히 꿰뚫은 말일 테지요.

정확한 시점은 모르겠으나 언제부터인지 당신은 정치에 대해 슬슬 거리를 두기 시작했습니다. 아마도 당장 눈앞의 한 영혼을 사랑하고 섬기는 일도 감당하기에 벅찬 목회자의 현실, 동시에 나이가 들어가면서 이전에 지녔던 사회와 역사 인식에 대한 균열이 생긴 것도 그 이유일 테지요. 나아가 신학적인 이유도 있었을 것입니다. 그도 그럴 것이 교회의 사회 참여가 기본이라는 확신에는 추호의 의심도 없지만, 보수적인 신학은 보수정당을, 진보적인 신학은 진보정당을 지지하는 작금의 행태가 기독교의 정치 참여에 대한 당신의 의구심을 증폭시켰을 것입니다.

그럼에도 불구하고 왜 주기도가 정치인지를 살펴보아야 하겠습니다. 먼저 무엇보다도 주기도의 요체인 하나님 나라가 정치입니다. 이 책에서 주기도문의 핵심은 '하나님 나라'의 청원이라고 말합니다. 주께서 사용하신 하나님 나라, 권세, 영광은 철저히 정치적이라는 것인데 이는 상당히 위험한 용어이기도 합니다. 특정한 국가에 살면서 자신의 시민권을 다른 국가에 두고 충성과 헌신을 한다면, 이야말로 반역이기 때문이지요.

정치라고 했을 때 우리는 어떤 정치인지 그리고 누구의 정치인지를 물어야만 합니다. 무릇 언어가 그러하듯이, 정치라는 말 역시 단면이 아닌 다면이기 때문입니다. 세상은 강함과 권력, 무력을 앞세워 정치합니다. 이와 반대로 하나님 나라는 약함과 섬김, 희생으로 정치를 하지요. 그래서 하나님 나라는 이 세상에 속하지 않는 새로운 나라입니다. 그러니까 하나님 나라의 정치는 진보와 보수의 문제가 아닙니다. 오히려 그 나라에 온전히 충성할수록 세상의 질서와 철저히 대립하게 되는 정치입니다.

이런 맥락에서 두 저자는 하나님 나라의 복음을 특정한 국가, 특별히 미국적인 것으로 축소하려는 시도에 강렬히 저항합니다. 그리스도인 대부분이 주기도를 하는 일과 세상의 방식대로 사는 일이 양립 가능하다고 믿고 있으나, 오히려 그 반대라는 것입니다. 하나님 나라는 이 땅에 이루어지지만, 이 땅에 속하지 않기 때문입니다. 그러므로 자기의 사적인 이익을 확보하기 위한 수단으로 사용할 수도 없고, 사용해서도 안 되겠지요.

이러한 주기도 해석은 오늘날 한국 교회의 상황과 매우 잘 들어맞습니다. 왜냐하면 한국 교회의 정치 참여는 고아와 과부, 가난한 자의 눈물을 닦아 주는 정의와 해방의 장이 아니라 특정 권력과 결탁한다는 인상을 받기 때문이지요. 단적으로 자신이 견지하는 정치적 입장에 따라 대표기도나 설교의 내용이 판이하게 달라지는 것이 그 예입니다. 그래서 교인들은 자기 입장에 부합한 설교를 들으면 은혜를 표하고, 그렇지 못한 경우에는 불쾌감을 드러냅니다.

주기도는 이 땅의 나라를 위한 것이 아니라 하나님 나라를 위한 기도임을 기억해야 합니다. 무엇보다 우리는 이 땅의 시민이기 전에 그리스도의 백성입니다. 그래서 어떻게 하자는 거냐고 반문할는지 모르겠습니다. 적어도 이 시점에서 하나님 나라를 위한 주기도를 국익으로 환원하는 일체의 사고와 판단과 행위를 중지해야 합니다. 그런 의미에서 주기도를 기도하는 것은 우리 그리스도인이 할 수 있는 가장 정치적이고 공적인 일 가운데 하나입니다.

목사님,

지금까지 『주여, 기도를 가르쳐 주소서』의 내용으로 주기도의 본질과 의미를 되짚어 보았습니다. 사실 주기도를 살아내기란 결코 쉬운 일이 아닙니다. 일용한 양식보다 조금 더 많이 축적하고 싶은 게 보통의 사람 마음이고, 용서하는 일도 말처럼 쉽지 않기 때문입니다. 그럼에도 우리는 의지와 욕구를 거슬러 마침내 '아멘'을 외칩니다. 주의 기도대로 살겠다는 다짐이지요. 주기도의 마지막 말인 '아멘'은 지적으로 '옳다'이고, 시간적으로는 '그렇게 될 것이다'는 확신이며, 실천적으로는 '나도 그렇게 하겠다'는 결의입니다. 종말론적으로는 승리에 찬 함성입니다. 저는 이 책을 덮고 나서 '아멘!' 하고 응답했습니다. 바라기는 목사님에게서도 '아멘'을 듣게 되길 기대합니다. 주님이 몸소 모범을 보이시고 가르쳐 준 기도를 통해 목사님의 삶에 하늘의 은총과 평화가 깃들기를 기도하겠습니다.[3]

---

3. William Henry Willimon·Stanley Hauerwas, 『주여, 기도를 가르쳐 주소서』, 이종태 역, 복있는사람, 2006

할 수 있는 것과
할 수 없는 것

중요한 것을 분별하는 지혜

사람이 동물과 다른 근본적인 차이 중 하나는 해서는 안 될 일이 있고 반드시 해야 하는 일이 있다는 것이다. 동물은 본능으로 살지만 인간은 윤리를 근간으로 사는 탓이다. 또한 모든 사람은 각자의 재능과 관심, 환경에 따라서 할 수 있는 것이 있고 할 수 없는 것이 있다. 해서는 안 될 것을 하려고 해서도 안 되지만, 해야 할 것을 하지 않는 것도 문제이기는 매한가지다.

할 수 있는 것을 하지 않는 것이 게으름이라면, 할 수 없는 것을 하려고 하는 것은 과욕이다. 우리네 인생의 절망 중 하나는 이 둘을 너무나 자주 혼동하는 데서 비롯된다. 충분히 할 수 있는 일이건만 지레 겁먹고 포기하기도 하고, 할 수 없는 일에 지나치게 욕심을 부려 도리어 일을 망치기도 한다. 예로부터 동양에서 최고의 미덕으로 강조되던 중용이란, 양 극단의 중간이 아니라 양자를 적절히 선택하는 지혜다.

여호수아 13장은 이스라엘 백성이 가나안 땅 분배를 시작하는 이야기다. 여호수아는 하나님이 약속하신 모든 땅을 차지하지 못했다. 정복해야 할 땅은 아직 많이 남아 있었지만 어느새 나이가 들어 버렸기 때문이다. 여호수아는 요단강이 갈라지고, 여리고성이 맥없이 무너지고, 기브온에서 해와 달이 멈추는 것까지 경험한 위대한 하나님의 사람이었지만, 가는 세월마저 멈추게 할 수는 없었다.

요단 동편, 곧 요단강을 건너기 전에 모세가 차지한 땅은 르우벤과 갓, 그리고 므낫세 지파의 절반이 분배받은 곳이다. 이곳은 야셀 땅과 길르앗 땅이다. 그들은 큰 지파였고 게다가 가축들도 많았다. 처자와 가축은 그곳에 두고 정복 전쟁이 끝날 때까지 모두 무장하고 선봉에 서겠다고 모세와 백성들 앞에서 맹세하고 받은 땅이다. 모세 이후 여호수아의 리더십이 아직 불안정할 때 그들은 여호수아에게 충성을 맹세하였던 자들이었다. 그런 그들이 그곳에서 쫓아내지 못한 사람들이 남아 있었다는 것이다.

여호수아에게는 할 수 있는 일과 할 수 없는 일이 있었다. 먼저 할 수 있는 일은 지도력을 발휘해서 땅을 분배하는 것이었다. 여호수아는 할 수 있는 일에 순종했다. 그렇지만 새로운 땅을 정복할 여건은 결코 아니었다. 그것은 자연적 한계요, 인간의 한계를 벗어난 일이었다. 늙어서 전장에 나갈 수 없는 것은 그 누구의 탓도 아니다. 모든 사람이 겪는 필연적 과정이다. 그러기에 하나님은 아직까지도 정복하지 못한 지명을 나열하며 이렇게 말씀하신다. "내가 그들을 이스라엘 자손 앞에서 쫓아내리니"(수 13:7).

하지만 르우벤과 갓, 므낫세 반 지파는 사정이 다르다. 남아 있는 땅을 정복하는 것은 그들이 할 수 있는 일이자, 마땅히 해야 할 일이었다. 그래서 하나님은 그 땅의 사람들을 쫓아내지 못하면 두고두고 화근이 될 것이라고 모세를 통해 말씀하셨다. "남겨둔 자가 너희의 눈에 가시와 너희의 옆구리에 찌르는 것이 되어 너희 거하는 땅에서 너희를 괴롭게 할 것이요"(민 33:55). 하지만 여호수아와 달리 그들은 하나님의 명령에 불순종했고, 말씀을 온전히 기억하지 못했다(수 13:13).

믿는 자들에게 가장 큰 관심 중 하나는 예수님의 재림에 관한 이야기일 것이다(행 1:6). 그래서 종말의 기한을 두고 신랄한 토론도 마다하지 않으며, 여기 있다 혹은 저기 있다 외쳐대는 사람들도 있다. 그날과 그때는 아무도 모르고 오직 하나님 아버지만 아신다고 명백히 말씀하셨건만(마 24:36) 궁금증과 호기심을 참지 못한 사람은 자꾸 물어댄다. 어리석은 사람의 물음에 주님은 네가 맡은 달란트를 따라 살라고 하실 뿐이다. 알아야 할 것도 제대로 모르면서 알 수 없는 일, 알아서 무익한 일에 힘을 쏟지 말라는 것이다.

미국의 유명한 신학자 라인홀드 니버(Reinhold Niebuhr)의 기도문이 생각난다. "하나님, 바꿀 수 없는 것은 받아들이는 평온함을, 바꿀 수 있는 것은 바꾸는 용기를, 또한 그 차이를 구별하는 지혜를 주옵소서." 여호수아는 할 수 없는 것을 받아들이고 할 수 있는 것에 집중했다. 니버의 기도대로라면 여호수아는 평온함을 누렸을 것이다. 반면 르우벤과 갓, 므낫세 반 지파 사람들은 바꿀 수 있는 것을 바꾸는 용기가 부족했다. 그 결과 남겨둔 자들은 여호와의 말씀대로 눈과 옆구리를 찌르는 가시가 되었다. 바꾸어야 할 것을 바꾸지 못한 탓이다.

나를 돌이켜보면 목사로서 할 수 없는 일도 많지만, 그에 못지않게 할 수 있는 일도 많다. 그러나 부끄럽게도 마음의 평안을 누리지 못했고, 용기백배하지도 못했고, 양자를 분별하는 지혜도 모자랐다. 늦지 않았으니 내가 할 수 있는 것이 무엇인지를 돌아보고, 여호수아처럼 할 수 있는 일에 집중해야 하리라.

사도행전의 사도들이 그러했다. 그들에게 주어진 가장 중요한 가치, 그들이 아니면 누구도 할 수 없는 일에 초점을 맞추었으니 곧 말씀과 기도였다(행 6:4). 다른 일에는 어느 정도 무관심하고 자신에게 주어진 일에 최선을 다했다. 나 역시 그저 푯대를 향해 달리고 또 달릴 뿐이다. 여호수아처럼, 베드로와 다른 사도들처럼 말이다.

돈에 대한 두 가지 시선

돈이란 무엇인가

담임목사가 되면 돈과 헌금에 관한 설교를 하지 않으리라 굳게 마음먹은 적이 있었다. 헌금을 내는 것으로 우열을 가리거나, 성도들의 애환은 뒷전으로 한 채 잇속을 챙기기에 여념이 없는 목회자들의 모습에 심한 회의를 느꼈기 때문이다. 그래서 돈에 대해 바르게 가르쳐야 한다는 생각은 하지도 않고 아예 헌금을 부정하게 되었던 것이다.

사실 돈에 대한 잘못된 판단은 비단 목회자에게만 한정된 것이 아니다. 교인들의 삶의 양식과 가치관 깊숙이에도 돈에 대한 상반된 두 가지 시선이 자리하고 있다. 결국 내가 어떤 그리스도인인지를 말해 주는 척도 중 유력한 것은, 돈을 어떻게 벌고 어떻게 사용하느냐이다. 그러기에 주님은 하나님과 돈을 겸하여 섬길 수 없다고 하셨고, 자크 엘룰(Jacques Ellul)은 우리에게 하나님이냐 돈이냐를 단도직입적으로 물었으며, 리처드 포스터(Richard Foster)는 우리가 순종해야 할 영역이자 부름인 돈, 섹스, 권력 중 첫 번째로 돈을 꼽았다. 그렇다면 돈이란 무엇인가?

첫째, 돈은 신(神)이다. 인류 역사를 통틀어 돈이 중요하지 않은 때가 없었고 돈이 최고의 지위를 점하지 않은 때가 없었다. 그래도 동서양을 막론하고 최소한의 상식과 도덕으로 돈과 견줄 수 없는 가치가 있다고 말해 왔다. 예컨대 사랑, 정의, 겸손, 용기, 우정 등이 그것이다. 특히나 산상수훈의 팔복과 갈라디아서의 성령의 아홉 가지 열매는 그리스도인이 추구해야 할 이상과 미덕으로 강조한다.

그런데 예외인 사회가 있으니 바로 오늘날 우리가 사는 자본주의(Capitalism) 사회다. 자본이라는 영어 단어에는 수도, 최고라는 뜻이 담겨 있다. 그러니까 자본주의란 말 그대로 자본, 곧 돈이 최고인 사회다. 사실 돈이 중요한 시대에도 그 안에는 돈을 최우선으로 삼는 일을 몰상식한 것이라고 생각하여 어딘지 모르게 그 욕망을 숨기는 행태가 깃들어 있었는데, 오늘날은 '돈이 제일이다'를 공공연히 외치는 시대가 되었다.

비단 세상만이 아니라 교회에서까지 하나님이 아니라 돈이 주인 노릇을 한다. 예수님의 핏값으로 산 성도들과 주님의 몸인 교회도 돈에서 자유롭지 못하다니 참으로 서글픈 일이 아닐 수 없다. 성경에서 돈을 가리키는 단어는 '맘몬'(Mammon)이다. 맘몬은 신의 이름인 동시에 지폐를 뜻한다. 그러니까 '돈'이라는 말을 내뱉음으로 우리는 맘몬이라는 신의 이름을 부르게 되는 것이다. 하여 성경은 돈을 중립적이고 비인격적인 사물로 간주하는 것에 동의하지 않는다. 물론 돈은 교환을 위한 수단이지만 그 자체가 힘과 생명력을 지닌 목적이기도 하다.

돈이 신이기에 하나님의 자리를 요구하며 그에 상응하는 경배를 받고자 한다. 그래서 예수님은 돈을 섬기는 사람은 하나님을 섬길 수 없다고 말씀하신 것이다. "아무도 두 주인을 섬기지 못한다. 한쪽을 미워하고 다른 쪽을 사랑하거나, 한쪽을 중히 여기고 다른 쪽을 업신여길 것이다. 너희는 하나님과 재물을 아울러 섬길 수 없다"(마 6:24, 새번역). 이처럼 돈의 메커니즘은 자신을 신으로 숭배하도록 만드는 강력한 힘을 지니고 있다.

그렇다면 신의 자리를 탐하는 돈을 죄악시하여 거부하거나 피해야 하는가? 그것은 결코 대안이 될 수 없다. 돈의 본질을 알지 못한 채 그저 피하겠다는 태도는 은연중에 돈을 신으로 인정하는 것이 아니겠는가?

그래서 둘째로 돈은 선(善)하다. 이 세상에 존재하는 모든 것은 하나님이 창조하신 것이므로 하나님이 창조하지 않은 것은 세상에 존재할 수 없다. 모든 것이 하나님께로부터 말미암았고, 하나님을 위해 창조되었다. 그리고 하나님은 창조하신 세상이 보기에 선하다고 말씀하셨다. 돈 역시 하나님의 선한 창조에서 나온 것이다. "온 천하에 있는 것이 다 내 것이니라"(욥 41:11). "은도 내 것이요, 금도 내 것이니라 만군의 여호와의 말이니라"(학 2:8).

물론 돈이 위험하다 해도 일면만을 강조하여 돈 자체가 악하다고 단정하는 것은 성경적인 세계관이 아니다. 그렇게 본다면 어디 악한 것이 돈뿐이랴. 그것은 돈을 좋아하는 것 못지않게 위험스러운 생각이다. 그런 이유로 돈이 지닌 맘몬의 속성으로 인해 하나님과의 양자택일을 강조하는 쟈크 엘룰마저도 돈 자체를 악으로 규정하지 않는다. 저서 『하나님이냐 돈이냐』에서 그는 부 자체는 악이 아니라 유혹이라고 말한다.

물질도 인간의 삶을 영위하기 위해 필요한 것으로, 인자하신 하나님이 우리에게 베푸신 은총이요 선물이다. 그러므로 잘만 사용하면 된다. 성경에서도 돈을 잘 사용하여 본이 되는 사람들이 여럿 등장한다. 구약의 아브라함, 이삭, 욥, 솔로몬과 신약의 동방박사, 삭개오, 아리마대 요셉, 니고데모, 바나바, 고넬료, 루디아 등이 돈을 긍정적으로 사용했다. 결국 문제의 근원은 돈 자체가 아니라 돈을 사용하는 사람에게서 비롯됨을 알 수 있다. 그러므로 우리는 돈을 버릴 것이 아니라, 일용한 양식보다 더 소유하려는 탐욕, 하나님의 자리를 차지하려는 유혹을 버려야 한다.

『돈, 섹스, 권력』의 저자 리처드 포스터는 돈에 어두운 면만 있다면 오히려 그리스도인들이 다루기 훨씬 쉬웠을 것이라고 말한다. 성경은 돈에 대해 계속 경고하면서도 돈은 하나님의 은총이며, 더 나아가 하나님과의 관계를 향상시키는 수단이라고까지 말한다. 잘만 사용하면 하나님 나라를 확장해 가는 데 큰 힘이 될 수도 있다는 것이다. 돈은 누가, 어떻게 사용하느냐에 의해 악하거나 선한 것이 된다. 우리는 그저 돈을 잘 사용하는 것밖에 다른 도리가 없다.

그리스도인의 경제관

청지기의 삶

하나님 앞에서 우리는 부자도 빈자도 아닌 청지기일 뿐이다. 청지기라는 말은 우리가 돈의 주인이 아니라 위탁받은 관리자라는 뜻이다. 성경의 언어대로라면 달란트를 맡은 자다. 우리는 주님 앞에 서게 될 때 두 가지 심판을 받게 된다. 하나는 '예수를 믿었느냐'는 구원에 대한 심판이고, 다른 하나는 '하나님이 우리에게 위임하신 것을 얼마나 잘 관리했느냐'는 달란트에 대한 심판이다. 두 달란트와 다섯 달란트를 맡은 종처럼 살았다면 착하고 충성된 종이라는 칭찬을 받으며 주와 함께 왕 노릇할 것이다. 반대로 한 달란트 가진 자와 같은 인생을 살았다면 있는 것도 빼앗기고 슬피 울며 이를 갈 것이다.

여기서 주목할 것은 우리의 인생을 판단하는 가늠자가 바로 달란트인데, 돈이 여기에 속한다는 것이다. 곧 하나님은 우리가 돈을 얼마나 잘 사용했는가로 심판하신다. 그러니 돈을 빼고 신앙과 인생을 논하는 것은 시쳇말로 앙꼬 없는 찐빵과 같다. 우리는 예수님을 주(主)라고 고백한다. 본래의 뉘앙스에 좀 더 다가가려면 '주님'이 아니라 '주인님'이라는 말이 더 적절할 것이다. 돈에 있어서 예수님을 주인으로 모시지 않고서는, 결코 하나님을 섬긴다고 말할 수 없다.

결국 돈은 악과 선이라는 양면을 지니고 있기에 우리가 잘 사용하기만 하면 된다. 청지기는 돈을 관리하기는 하지만, 자신의 뜻이 아니라 주인의 뜻과 계획에 맞게 사용해야 한다. 그렇지 않으면 직권 남용이요, 직무 유기다. 그렇다면 청지기로서 우리는 돈과 시간을 어떻게 사용해야 할까? 단순하고 명료하게 말하자면 남을 위해 사용해야 한다.

누가복음은 돈으로 영생의 길에 들어선 부자 삭개오와 돈 때문에 영생을 얻지 못한 부자 청년 이야기를 대조한다. 둘 다 부자였지만 한 사람은 예수님을 만난 후 자발적으로 자신의 재물을 가난한 자들에게 나누어 주었고, 한 사람은 전 재산을 가난한 자들에게 나누어 주고 나를 따르라는 예수님의 말에 심히 고민하며 떠나갔다.

삭개오의 행위는 율법의 요구치를 훌쩍 넘어서는 수준이었다. 지독한 수전노이자 악랄한 매국노였던 삭개오는 이 일로 구원을 얻고 아브라함 자손의 지위를 회복한다. 반면 영생에 대한 관심으로 주님께 질문을 던졌던 부자 청년은 주님의 명령을 따르지 못했다.

하나님이 맡겨 주신 돈의 주인이 자기라고 생각했기 때문이다. 남의 것을 제 것인 양 함부로 쓰면 도둑과 무엇이 다르겠는가?

청지기로서 남을 위해 돈을 사용하는 것은 곧 구제하고 선교하는 일이다. 그리고 그 일은 보물을 하늘에 축척하는 구체적인 방법이다(눅 12:33). 20세기 가장 위대한 신학자인 칼 바르트는 이런 말을 했다. "당신이 그리스도에 대해 어떻게 생각하느냐를 알면, 당신이 누구인지 알 수 있습니다." 그리고 우리 세기 최고의 전도자인 빌리 그래함은 이런 말을 남겼다. "당신이 돈을 어떻게 사용하는지를 말해 주면 나는 당신이 어떤 사람인지 알 수 있습니다." 나도 당신에게 질문을 덧붙이고 싶다. "당신은 어떤 사람입니까?"

모자라지도 넘치지도 않게

사람은 빵만으로 살 수 없다

"목사님은 유물론자인가요?" 대화 도중 대학 시절에 학생운동 깨나 했다는 말을 듣고 친분이 있는 형제가 내게 느닷없이 던진 질문이다. 80년대 대학가의 주된 이념은 칼 마르크스의 철학이었다. 마르크스주의의 철학적 토대에서 이론은 변증법적 유물론으로, 실천은 역사적 유물론으로 구성된다.

유물론(materialism, 唯物論)은 정신보다는 물질이 존재론적으로나 인식론적으로나 우선한다고 보는 것인데, 이러한 시각에 기초해서 사회의 변화와 본질에 대해 설명한다. 그리고 역사적 유물론은 그것이 역사와 사회 속에서 어떻게 관철되는가를 다룬다. 이 사상을 바탕으로 역사를 관찰하면 역사의 발전 원동력은 관념이 아니라 물질이며,

새로운 물질문명이 생겨나면 정신은 그 뒤를 따른다. 그러므로 마르크스주의 철학의 요지는 유물론인 셈이다.

유물론에 대해 말하기 전에 먼저 번역어에 대해서 한마디 짚고 넘어가야겠다. 유물론에 대한 오해는 태반 여기에서 비롯되기 때문이다. 여기서 사용하는 한자어는 '유'(唯)는 오직 유이고, '물'(物)은 물건이라는 의미다. 마지막으로 '론'(論)은 이치나 논리를 뜻한다. 그러니까 종합해 보면 유물론의 문자적인 뜻은 오직 물질만이 있다고 주장하는 논리인 것이다. 이는 마치 정신이나 관념, 이성과 같은 존재 자체를 거부하는 학설로 보인다.

하지만 유물론의 본뜻은 물질과 정신이 공히 존재하며, 그중에서 물질이 정신에 비해 우선한다는 것이다. 물론 양자의 관계를 설명하는 것에는 유물론자들 내부에서도 간단치 않은 다양성과 논쟁이 존재하지만, 기본적인 토대는 정신보다 물질이 근원적이라는 데에 있다.

근대 철학의 아버지 데카르트는, 이 세계에는 다른 어떤 것에도 의존하지 않는 궁극적인 것이 두 가지 있는데, 곧 물질과 정신이라고 하였다. 데카르트가 정신이 더 궁극적인 실재라고 믿는다면, 유물론자들은 그 반대다. 마르크스는 이것을 『독일 이데올로기』에서 "존재가 의식을 결정한다"라고 공식화했다.

그러나 마르크스는 엥겔스나 레닌, 스탈린과는 달리 물질의 우위를 사회와 역사 외에 인간 자체에 적용하는 것을 상당히 꺼려했다. 인간을 단지 물질관계로만 규정하기에는 그 이상의 것들이 너무 많기 때문이다. 그래서 마르크스는 물질이 중요하기는 하지만, 일방적으로 물질이 정신에 영향을 주는 것이 아니라 둘이 상호작용을 한다고 보았다.

예컨대 노동자요 빈자임에도 불구하고 의식은 자본가나 부자 못지않은 이들이 있는가 하면, 반대로 자신의 재산을 사회적 약자를 위해 사용하거나 아예 부를 포기하기도 하고, 자발적으로 그들과 같이 되어 사는 사람들도 많다. 그러므로 반드시 경제적 조건에 따라 의식이 결정되는 것은 아니다.

그렇다면 목사인 나는, 나아가 모든 그리스도인은 유물론자가 될 수 있을까? 대답은 "예, 그러나 아니요"이다. 예수님이 광야에서 사탄에게 시험받으실 때 하신 말씀을 중심으로 물음에 대해 되짚어 보겠다.

사탄은 40일 동안 주리신 예수님에게 빵의 문제로 유혹한다. 돌더러 빵, 우리 식으로 말하면 쌀로 만들어 보라는 것이다. 여기서 예수님과 사탄의 대결의 핵심은 '예수가 하나님의 아들인가, 그리고 하나님의 아들이라면 어떤 하나님의 아들인가'에 있다. 사탄은 예수가 정녕 하나님의 아들이라면, 능히 돌을 빵으로 만들 수 있다고 보았기에 그러한 제안을 했다. 그와 동시에 만약 하나님의 아들이라면 인간에게 무엇을 주는 존재인가를 묻는다. 사탄은 사람들이 진심으로 필요한 것은 빵이니 그 문제를 해결해 주면 너는 참 하나님의 아들이요, 이스라엘을 해방할 수 있을 것이라고 말한다.

사탄의 유혹에 대해 예수님은 구약 성경을 인용하며 대답하셨다. "예수께서 대답하여 이르시되 기록되었으되 사람이 떡으로만 살 것이 아니요 하나님의 입으로부터 나오는 모든 말씀으로 살 것이라 하였느니라 하시니"(마 4:4) 빵만으로 살 수 없다는 말씀은 역으로 생각해 보면 사람은 빵 없이는 살 수 없다는 말과 같다. 인간은 육체를 지니고 있고, 살아 있는 한 육체를 벗어날 수 없기 때문이다. 육체는 인간의 조건이다. 그러기에 믿음이 있다고 해서 먹고, 마시고, 입는 일들에 대해 무관심할 수 없다.

빵 문제를 비롯하여 우리가 발을 딛고 있는 삶의 현실을 벗어난 모든 담론은 그저 허상에 불과하다. 그러기에 성경도 인간의 현실과 동떨어진 세상 너머의 이야기만 읊조리지 않는다. 흔히 성경은 마음이 있는 곳에 돈이 있다고 말할 것 같은데, 예상과는 달리 보물이 있는 곳에 마음도 있다고 가르친다(마 6:21). 또한 예수님의 지상 사역을 기록한 네 권의 복음서들은 하나같이 수많은 기적과 축귀, 병의 치유를 기록하고 있다.

일례로 오병이어는 예수가 누구인지를 극명하게 계시한다. 그분은 우리에게 빵을 주러 오신 분이다. 돌로 빵을 만들라는 사탄의 시험은 거부하셨던 예수님이었지만, 그분의 공생애 기간을 살펴보면 사람들에게 빵을 주시는 모습을 심심치 않게 볼 수 있다. 심지어 요한복음에 등장하는 예수님의 첫 표적은 물로 포도주를 만드는 것이었다. 이렇듯 예수님은 빵 없이 살 수 없는 우리에게 빵, 곧 물질적 필요를 공급해 주시는 분이다.

교회가 복음을 통한 영혼 구원만이 아니라 학교, 병원, 고아원 등을 통해 사람들의 물리적 환경을 개선하는 일에 힘껏 나서는 것도 바로 예수님이 빵을 주시는 분이기 때문이다. 실제로 한국 교회 초창기에 많은 사람들이 예수님을 믿은 이유도 여기에 있다. 외국의 종교인 줄만 알았더니 나라를 극진히 사랑하고 돌보는 애국 종교였던 것이다. 나라 잃은 고통과 서러움을 위로한 존재는 다름 아닌 교회였다.

인간이라면 누구도 빵 없이 살 수 없다는 점에서, 또한 인간의 삶에서 경제가 차지하는 비중을 인정한다는 점에서, 그리스도인은 유물론자다. 하나님의 아들 예수님도 금식하면서 굶주림의 고통을 느끼셨다. 하나님의 아들도 이처럼 물질의 문제로 유혹을 받았다면, 하물며 피조물인 인간은 말해 무엇 하겠는가?

하지만 예수님의 대답으로 보건대 우리는 유물론자이지만, 한편으로는 유물론자가 아니다. 빵만으로 살 수 없다는 말은, 빵 없이는 살 수 없지만, 그렇다고 빵만으로도 살 수 없다는 뜻이다. 즉 인간에게는 단지 먹고 사는 생존의 문제보다 더 중요한 것이 있다는 말이다. 예수님은 그것을 하나님의 말씀이라고 하셨다. 인간은 육체를 지닌 존재이지만 동시에 영적인 존재이기 때문이다. 예수님이 돌로 빵을 만들지 않으신 것은, 빵도 중요하지만 빵보다 더 소중한 것이 있음을 가르쳐 주시기 위함이었다. 그것이 사람을 사람답게 하는 것이리라.

비록 무화과나무가 무성하지 못하며 포도나무에 열매가 없어도 기쁨을 누릴 수 있는 삶의 역설은 여기에서 비롯된다. 인간의 행복은 물질적 조건에서 완전히 독립한 것도 아니고 그렇다고 완전히 의존하는 것도 아니다. 오히려 인생을 건강하고 행복하게 사는 이들을 보면 외부의 여건이 좋다기보다 마음이 건강한 사람이라는 것을 알 수 있다. 그래서 잠언은 말한다. "무엇보다도 네 마음을 지켜라. 그것이 바로 복된 삶의 샘이다"(잠 4:23, 공동번역).

이스라엘 백성들은 광야에서 만나와 메추라기를 먹고 살았음에도 감사하지 못하고 불평했다. 하나님이 주신 하늘의 양식을 먹고 살았지만 일용할 양식인 주시는 하나님을 신뢰하지 않았기 때문이다. 이처럼 하나님 없는 빵은 구원과 행복과 거리가 멀다.

빵 없이 살 수 없는 인간의 실상은 우리로 하여금 유물론에 관심을 두게 한다. 하지만 인간은 빵만으로 만족할 수 없기에 하나님의 말씀으로 살아가야 한다. 그 말씀 안에는 세상 무엇과도 견줄 수 없는 고결한 구원의 행복이 있다. 그리하여 만일 누군가 내게 '당신은 유물론자인가'라고 묻는다면 '사람은 빵만으로 살 수 없다'는 말로 대답을 대신하겠다.

영광스러운 성공을 위하여

성경에서 말하는 성공

성공은 사람들의 보편적 욕망이라는 점에서 그리 새삼스러운 것은 아니다. 미래에 대한 제 나름대로의 기대는 하나씩 갖고 있게 마련이기 때문이다. 하지만 오늘날에는 성공에 관한 담론과 책들이 난무하고 있다. 아마 그만큼 삶이 고단하다는 증거이리라. 이처럼 대부분의 사람들이 기약 없는 성공을 의식하며 살아가고 있다.

그리스도인들도 예외는 아니다. 교회 역시 세상 논리에 포박되어 있기 때문에 세상이 말하는 성공에서 자유롭기란 쉽지 않다. 그만큼 삶의 성취와 안전에 대한 욕망이 큰 것이다. 허나 이러한 세상의 성공을 그리스도인이 그대로 따라갈 수 없는 노릇이다. 그렇다면 생명력 있는 그리스도인의 참된 성공은 무엇일까?

성공한 사람들의 특성을 말할 때 항상 들어가는 요소 중 하나는 긍정적인 사고다. 많은 사람들은 긍정적인 사고가 성공으로 이끌어 준다고 생각한다. 물론 긍정적인 사고를 갖는 것은 좋은 습관이지만 그리스도인이 고백하는 긍정은 사뭇 달라야 한다. 세상 사람들은 "나는 무엇이든 할 수 있다"라고 말하지만, 그리스도인은 "나는 주 안에서 모든 것을 할 수 있다"(빌 4:13)라고 말한다. 그리스도인은 주님 없이 아무것도 할 수 없으므로 비관적이고, 내 안에 계신 주님으로 인해 모든 것을 할 수 있으므로 낙관적이다. 그리스도인에게 긍정적인 힘의 원천은 주님이다.

세상에서 말하는 성공에 잇따르는 또 하나의 요소는 목표다. 하지만 그리스도인에게는 목표가 있느냐가 중요한 것이 아니라, 어떠한 목표를 가지고 있느냐가 중요하다. 성경은 제대로 설정하지 않은 목표는 한낱 바람에 지나지 않음을 주지시킨다. 재물에 눈이 멀었던 부자는 자신의 수확물로 가슴 벅찬 꿈을 꾸었으나, 그날 밤 하나님이 그의 영혼을 거두어 가셨다(눅 12:21). 이처럼 사람이 좇는 성공은 휘황하지만 하나님 앞에서는 지극히 작고 초라할 따름이다. 하지만 우리의 모범 되신 주님은 어리석은 사람과 달리 자기 마음대로 말하거나 행동한 적이 없고, 오직 아버지의 뜻을 따랐다고 요한복음은 전한다. 예수님의 목표는 오직 하나님이었던 것이리라.

또한 성공한 사람은 자발적인 동기로 움직인다고 말한다. 그러나 세상 사람들이 지극히 개인적인 욕망으로 움직이는 것과 달리,

성경의 사람들은 하나님의 명령이 동기이자 출발점이었다. 예레미야는 자신이 원치 않는 메시지로 조롱거리가 되었지만 하나님의 말씀이 끊임없이 그를 이끌었다. 바울 역시 다메섹에서 만난 하나님의 부르심에 붙들려 살았다. 조금 사정이 다르지만 요나는 어쩔 수 없이 하나님의 뜻에 따라 니느웨로 갔다. 이렇게 하나님의 자녀는 자신의 내적 자원이 아니라 하나님이 주신 부르심, 곧 소명(Calling)에 이끌려 살아간다.

그리스도인이 말하는 성공의 기준과 개념은 세상의 것과 다르다. 세상은 나의 성취를 성공이라 말하지만, 그리스도인에게 성공의 결정체는 하나님의 영광이다. 그래서 성경은 총리가 아닌 노예로 팔려간 요셉을 성공한 사람이라고 말하지 않았던가. "주님이 요셉과 함께하셨고, 그래서 그는 성공한 사람이 되었다"(창 39:3, NASB). 세상의 가치 기준으로 보면 보디발의 노예 요셉은 인생의 패배자일 뿐이다. 그러나 그로 인해 하나님의 영광이 드러났기에 그는 성공한 사람이었다. 이처럼 그리스도인들에게 자신의 성공이 아닌 하나님의 영광이 오매불망 단 하나의 소망이기를 꿈꾸어 본다.

삶의 충만함은
어디에서 오는가

―

그리스도인이 부자여도 되는가

한 형제가 찾아와 그리스도인이라면 한 번쯤은 해보았을 물음을 내게 던졌다. 그리스도인이 부자여도 되느냐는 물음이었다. 자신이 교회 친구 집에 간 적이 있었는데 친구 아버지가 장로님이시고 의사였단다. 좋은 집과 여러 대의 자동차 등 물질적 풍요를 누리는 것을 보면서, 그리스도인이 부유한 생활을 하는 것을 어떻게 받아들여야 하는지를 골똘히 생각하게 되었다는 것이다.

이 물음에 답하기 위해서는 먼저 돈 문제가 신앙의 핵심 사안이라는 것을 이해해야 한다. 어떤 사람의 믿음을 알기 위해 성경을 얼마나 읽는지, 기도는 얼마나 하는지, 전도를 몇 명 하는지도 눈여겨 보아야 하지만, 가장 확실한 기준은 돈이다. 돈에 대해 어떤 태도를 가지느냐에 따라서 그가 과연 그리스도의 제자인지를 알 수 있다.

그래서 예수님도 하나님과 돈을 겸하여 섬길 수 없다고 말씀하신 것이다.

복음서도 신앙의 가늠자 역할을 하는 돈에 대한 이야기로 가득 차 있다. 탕자의 비유도 돈에 관한 비유 중 하나다. 탕자의 죄는 하나님 아버지가 주신 재산을 허랑방탕하게 허비한 것이다. 이처럼 우리도 종말에 하나님 앞에서 달란트를 어떻게 사용했는가를 두고 평가받을 것이다. 그러므로 돈은 신앙의 문제다. 신앙과 돈은 별개라는 논리는 우리가 만들어 낸 허구일 뿐 성서와는 일절 무관하다.

다음으로 돈은 윤리의 문제이기도 하다. 역사적으로 인류는 돈을 윤리학에서 다루었다. 그러다 자본주의가 발전하면서 경제학이라는 분야가 윤리학으로부터 독립하였다. 그러니까 돈은 인생사에서 무엇이 옳고 무엇이 그른가를 논하는 도덕의 영역이라는 것이다.

사실 황금만능주의 시대에서는 돈이면 안 되는 것이 없다. 그래서 사람들은 돈으로 행복마저 살 수 있다고 착각한다. 그러다 보니 한 사람의 인격과 일생, 그리고 성공도 돈을 얼마나 벌었느냐는 잣대로 평가하려고 한다. 하지만 하나님은 돈을 얼마만큼 벌었느냐가 아니라, 어떻게 사용했는가를 두고 삶을 심판하신다. 우리가 돈을 마음대로 사용하면 안 되는 것은, 이처럼 돈이 '경제'의 문제이기 이전에 '윤리'의 문제이기 때문이다.

그렇다면 신앙과 윤리의 차원에서 볼 때, 그리스도인은 부자가 되어도 되는가? 대답은 이렇다. "될 수 없다. 그러나 될 수 있다." 만일 부자가 되어 자기도 모르게 돈의 노예가 된다면 그리스도인은 부자여서는 안 된다. 하지만 부자가 되어서도 여전히 자기 인생의 주인이 돈이 아니라 하나님이심을 구체적으로 실천한다면 그는 그리스도인이면서 동시에 부자가 될 수 있다.

요점은 무엇을 인생의 주인으로 삼고 사느냐는 것이다. 신구약 성경에는 의로운 부자들이 참으로 많다. 구약의 대표적인 부자인 아브라함, 이삭, 야곱, 심지어 온갖 부귀영화를 누린 솔로몬조차 역설적이게도 부자가 되기 위해 산 적이 없다. 그들은 하나같이 하나님 앞에서 살았고 하나님을 갈망했다. 특별히 욥은 많은 재물을 일순간에 잃고도 하나님을 원망하지 않았다. 돈 때문에 하나님을 믿은 것이 아니기 때문이다.

신약에서도 아리마대 요셉은 예수님이 부활하시기 전 안식하실 수 있는 공간으로 자신의 무덤을 제공했고, 부유한 여인들은 예수님의 사역을 재정적으로 지원했다. 삭개오와 고넬료, 바나바와 빌레몬도 물질로 하나님을 잘 섬겨 인정받았다. 물론 목사와 평신도의 재물관이 조금 다를 수는 있다. 단적으로 말해 자발적 가난을 강조하는 청빈론은 목사에게, 자발적 나눔은 평신도에게 더 어울린다. 평신도들은 목회자보다 돈을 벌어야 하는 필연성과 현실성이 더 강하기 때문이다. 그래서 대부분의 그리스도인에게는 가난하라고 말하기보다 정직하게 벌어서 즐겁게 나누며 살라고 말한다.

이처럼 많이 벌어서 고넬료처럼 헌금도 많이 하고 착한 일도 많이 하면 좋겠지만, 그것이 그리 만만하지는 않다. 그러므로 실질적인 방법이 필요한데 그 지혜를 로날드 사이더가 제시한다. 『가난한 시대를 사는 부유한 그리스도인』에서 그는 '누진 십일조'라는 개념을 통해 돈으로 하나님과 이웃을 섬기는 방안을 열어 준다.

누진 십일조는 성경의 규범은 아니지만 그리스도인이 바람직한 경제관을 세우는 데 큰 도움을 준다. 그 원리는 간단하다. 많이 버는 사람이 세금을 많이 내고 적게 버는 사람이 세금을 적게 내듯이, 수입이 늘어나면 그만큼 헌금과 구제, 선교를 더 많이 하는 것이다. 사이더는 이것을 실행하기만 한다면 그리스도인과 교회의 삶을 혁명적으로 변화시킬 수 있다고 말한다.

그리스도인이 부자로 사는 것은 스스로 죄책감을 가질 일도, 남들에게 비난을 받을 일도 아니다. 그러나 성서의 일관된 가르침은 '부자'가 되라는 것이 아니라 '제자'가 되라는 것이다. 하나님은 우리의 아버지이시기 때문에 우리에게 무엇이 필요한지를 가장 잘 알고 계신다. 그렇기 때문에 그의 나라와 그의 의를 먼저 구하라고 말씀하신 것이다. 그러므로 그리스도인이 부자가 될 수 있는지를 묻기 이전에, 참다운 그리스도인이 되는 길을 묻고 또 물어야 하겠다. 부자이든 빈자이든 나는 여전히 그리스도인이기 때문이다.

4부

세
상
에

대
하
여

정치의 정도를
기독교 정신에서 찾다

박근혜와 로마서 13장에 관하여

로마서 13장이 논란의 중심에 서 있다. 어떤 이들은 권세에 복종하라는 말씀을 근거로 박근혜 전 대통령을 흔들어서는 안 된다고 말한다. 그들이 보기에 촛불집회는 하나님의 말씀에 대한 불복종이고 정권을 흔들려는 불온한 세력인가 보다. 한편 다른 생각을 가진 사람들은 그 말씀은 정상적이고 선한 권세일 때 해당하는 것이므로, 부당한 권세에 대한 불복종은 정당한 저항이라고 주장한다. 그들에게 촛불집회는 하나님 말씀에 대한 복종이자 정권에 대한 정당한 비판이다.

이 같은 논쟁에 관해서 나는 먼저 현 정국 혹은 박 전 대통령의 지도력에 관한 성경 본문은 로마서 13장에만 있는 것이 아니라고 말하고 싶다. 삶의 가치가 다양하듯이 말씀 역시 다면적이다. 그렇기 때문에 국가와의 관계, 혹은 부당한 정권과의 관계에 대한 내용 역시 여러 본문에 담겨 있다. 정치에 대한 바람직한 관점을 제시할 때 이러한 말씀들은 직접적이든 간접적이든 서로 얽히게 마련이다. 그렇다면 정치와 정권에 관한 숱한 성경 구절 중에서 굳이 로마서 13장에 해석학적 우선권을 부여할 성경적, 신학적 이유가 어디 있 겠는가?

사실 박 전 대통령과 관련해서라면 로마서 외에도 사무엘서, 열왕기서, 역대기서, 예언서에서 넘치게 찾을 수 있다. 일례로 언급할 수 있는 본문은 미가서 3장이다. 미가 선지자는 왕에게 요구되는 덕목을 분명히 일깨운다. 그것은 단 하나, "정의"(3:1)이다. 여기서 정의는 구약 성서에서 자주 언급되는 '미슈파트'이다.

이 단어는 본래 법정에서 사용되는 용어로 공정한 판결을 의미한다. 강자라고 진실을 왜곡해서도 안 되고, 약자라고 해서 진실과 상관없이 편파적으로 옹호해서도 안 된다. 뇌물을 받거나 이익을 추구하는 수단으로 권력을 오용해서는 안 된다는 것이다. 그러한 재판관들이 바로 선을 미워하고 악을 사랑하는 나쁜 지도자들이다(3:2).

이와 비슷한 내용이 잠언에도 나온다(8:15-16). 그곳에서 지혜자는 왕, 곧 정치 지도자들에게 두 가지를 주문한다. 자신들의 왕권을 하나님이 세우셨음을 기억하고 공의롭게 통치하라는 것이다. 어쩌면 이 둘은 하나일지도 모르겠다. 하나님이 세우셨다는 것을 아는 지도자는 공의를 따라 정치를 할 것이고, 공의로운 정치야말로 하나님이 인정하시는 정치일 것이므로. 미가서와 지혜자의 가르침에 따른다면, 박 전 대통령은 과연 나라를 위해 공의로운 통치를 했는지 묻지 않을 수 없다.

신약에도 구약 못지 않게 정치와 관련된 내용이 많이 담겨 있다. 대표적인 것으로는 영아를 학살한 헤롯과 불의한 재판으로 무고한 의인을 사형시킨 총독 빌라도의 이야기다. 요한계시록 13장의 음녀 이야기도 적합한 본문이 될 것이다. 이에 존 하워드 요더(John Howard Yoder)는 『예수의 정치학』에서 예수의 전 생애와 사역, 가르침은 수미일관되게 정치적이었다고 주장한다. 그러면서 가장 비정치적인 복음서로 알려졌던 누가복음을 통해 예수와 정치는 철두철미하게 연결되어 있음을 탁월하게 증명한다.

이렇게 대략적인 부분만 살펴보더라도 정권에 대한 해석은 로마서 13장으로 국한할 수 없다. 그러니 특정한 본문을 끄집어내서 우리가 하고 싶은 말, 우리가 듣고 싶은 말을 성경이 하도록 요구해서는 안 될 것이다. 우리는 구체적 정황을 고려하고, 그것을 기초로 보편적 가르침으로 나아가야 한다. 또한 로마서 13장으로 현 시국을 설명하기 위해서는 많은 본문 중 그 말씀이 우선권을 갖는 이유를 설명할 수 있어야 하고, 다른 본문들과의 유기적 연관 관계도 고려해야 한다. 만약 로마서 13장을 현 상황을 파악하는 잣대로 삼고자 한다면, 그 본문에 대한 역사적 해석을 먼저 검토해야 한다.

나는 지난 역사에서 로마서 13장을 오용하고 악용한 두 가지 사건이 떠올랐다. 하나는 나치 하의 독일 교회다. 히틀러를 지지한 독일 그리스도인들은 오늘날 우리에게 문제가 되고 있는 것과 동일한 이유로 이 본문을 사용했다. 그들은 하나님이 세웠다는 말을 개별 국가나 특정한 지도자에 국한시키지 않는다. 오히려 질서 그 자체를 하나님이 세운 것으로 본다. 그렇기에 현 국가와 정치 질서는 신적인 것으로, 하나님의 뜻을 수행하는 기관으로 정당화된다. 그 연장선에서 히틀러와 2차 세계 대전을 옹호한 것이다.

다른 하나는 우리 역사. 일제 강점기의 선교사들은 교회를 보호한다는 명목으로 정교분리원칙을 주장했고, 더 나아가 로마서 13장을 토대로 일본의 식민 지배를 정당화했다. 하나님에게서 온 질서에 저항하는 것은 하나님 뜻에 대한 불순종이라는 것이다.

박정희의 유신정권을 지지하는 근거도 같은 본문이었다. 교회 공동체뿐 아니라 외부에서도 국가 권력이 어떤 형태이건, 최고 지도자가 누구이건 간에, 모든 권력은 하나님에게서 온 것이라고 주장하는 목소리들이 많았다. 따라서 3·1운동은 하나님의 것과 가이사의 것을 뒤섞은 실수라고 주장했다. 그러면서 로마서 13장은 정부에 반대하거나 도전하는 이들은 악을 행하는 자로 규정하므로, 정부는 마땅히 그들을 심판해야 한다고 강변했다.

이런 사례들을 외면한 채 대통령의 행위를 로마서 13장만으로 엄호하려는 것은 역사에 대한 무지가 아닐 수 없다. 정부에 대한 비판을 마치 신성 모독인 양 분개하는 이들은 역사 공부부터 해야 할 듯싶다. 이 본문이 독일과 일본 제국주의를 지지하고, 독재 정권을 정당화하는 데 사용된 전력이 있다면, 과연 같은 방법으로 기성 권위를 옹호하고 비판에 재갈을 물리려는 지금의 시도가 이전의 과오를 되풀이하는 것은 아닌지 돌아보아야 할 것이다.

한발 더 물러나서 로마서 13장이 당대의 정권을 정당화하는 구절로 해석이 된다고 하자. 그렇다면, 김대중과 노무현의 두 정부에 대한 보수 기독교의 행동은 어떻게 설명할 것인가? 로마서 13장으로 식민지 지배와 독재 정부마저 지지하는 이들이 어떻게 그 정부들을 향해서는 그토록 날선 비판을 할 수 있었단 말인가? 그때는 로마서 13장이 사라졌을까? 이러한 모순과 불합리함을 도무지 설명할 길이 없다.

일관성이 있든지 차라리 침묵하든지 둘 중 하나를 해야지, 자신의 정치적 호불호를 따라서 말씀을 이리저리 갖다 붙이는 것은 견강부회(牽强附會)가 아니면 무엇이겠는가? 우리는 성경의 주인이 아니라 노예다. 성경은 내 마음대로 사용할 수 있는 도구나 수단이 아니다. 성경은 주님의 뜻을 계시하므로 우리가 순종해야 할 대상이자 목적이다.

이제, 본격적으로 바울의 편지를 읽을 차례다. 성경을 해석하는 최고의 원칙은 맥락이다. 특정 본문이 놓인 앞뒤의 맥락 속에서 읽어야 한다. 맥락을 놓치면 엉뚱하게 읽을 공산이 크다. 가령 '보고 싶다'는 말만 해도 그렇다. 다정한 연인들에게 그 말은 달콤한 사랑의 표현이지만, 이별한 사람에게는 안타까운 그리움의 표현이다. 둘 다 같은 단어이지만, 결코 같지 않다.

마찬가지로 로마서 13장도 맥락을 간과해서는 안 된다. 가까이는 13장의 앞뒤 단락, 조금 멀게는 12장부터 살펴야 하고, 로마서의 전체 흐름 속에서 보아야 한다. 더 멀리는 신약 성경, 그리고 구약 성경과도 맞추어야 한다. 큰 그림을 그리면서 본문을 촘촘하게 되짚어야 한다.

우선 로마서 13장의 앞뒤 맥락을 살펴보자. 문제가 되는 텍스트는 로마서 13장 1-7절이다. 그 본문의 앞부분과 뒤따르는 흐름 속에서 읽으면 전혀 다른 것이 보인다. 12장의 마지막과 부분과 13장 8절 이후는 원수에 대한 내용으로 아무에게도 악을 악으로 갚지 말고, 선으로 이기고 사랑으로 갚으라고 말한다. 그 절정은 사랑은 율법의 완성이라는 말에서 드러난다(13:10).

바울이 원수를 사랑하라는 말을 할 때 그 대상은 로마와 황제, 관료들이다. 바울의 편지를 받아들고 읽는 로마의 기독교인들도 그의 의도를 파악하는 데 그리 어렵지 않았을 것이다. 하나님의 왕 되심, 하나님의 다스리심에 대한 대립의 정점은 로마 제국일 수밖에 없다. 하여간에 바울의 요지는 원수 사랑의 맥락에서 로마를 언급하고 있다는 것이다.

이제는 로마서 12장 이후의 모든 내용을 총괄하는 구절인 12장 1-2절을 주목할 때다. 그곳에서 바울은 하나님의 자비하심으로 거듭난 성도는 온몸으로 예배하는 삶을 살아야 한다고 권면한다. 그러기 위해서는 하나님이 아닌 것을 예배하는 방식을 거절해야 한다. 즉, 세상의 방식과 다르게 살 것을 촉구한 것이다.

결국 바울의 말은 로마 제국에 대해 반역을 꾀하거나 체제에 순응하는 기존의 방식이 아닌, 제 3의 길을 걸으라는 것이었다. 그 길은 원수를 원수로 갚지 않고, 선으로 악을 이기는 사랑의 길이다. 세상, 곧 제국은 권력과 폭력으로 보복하고 약자를 억누르지만 교회, 곧 성도는 십자가의 방식으로 원수마저도 사랑한다. 이것이 바로 이 세대의 풍조를 본받지 않는 구체적이고 가장 적극적인 삶의 형태다.

이번에는 로마서 전체를 보자. 오해를 무릅쓰고 로마서를 요약한다면, 죄인인 인간이 하나님의 은혜로 용서받고 의롭다 함을 얻는다는 것이다. 하나님과 원수였던 인간이 하나님의 은혜와 자비로 말미암아 용서받게 되었다는 것이 복음이다. 한발 더 나아가 로마서는 그 의로운 공동체에 걸맞은 삶의 양식을 말한다.

이것을 로마서 13장과 엮으면, 하나님 앞에서 원수였던 우리가 하나님께 용서받은 것처럼 우리 역시 원수인 타자를 용서해야 한다. 윤리적으로 말하면 비폭력적으로, 신학적으로는 십자가의 방식으로 원수를 대하는 것이 그리스도인 공동체의 삶의 양식이다. 로마라는 원수를 대하는 방식은, 하나님이 당신의 원수인 우리를 대하신 방식과 동일해야 한다. 정리하면, 로마서 13장은 죄인인 우리를 용서하신 하나님의 자비를 따라 원수를 사랑하는 윤리적 적용이다.

그렇기에 로마서 13장으로 불의한 정권을 옹호하려는 이들은 그 정당성을 잃고 만다. 복종하라고 한 권세에 대해 바울이 원수라고 말한 것은 분명하기 때문이다. 그러나 진보적인 사람들의 생각과 달리, 원수라고 해서 절대 악은 아니다. 그도 하나님의 사람이고, 국가도 하나님의 피조물이기에, 선의 일부는 남아 있다.

그런 점에서 이 텍스트는 국가의 순기능을 강조한다. 국가는 선을 장려하고, 악을 징벌하고, 무력을 최소한으로 사용할 수 있는 권한을 갖고 있다. 그 점마저 부정하지는 말아야 하겠다. 국가는 타락한 세계를 보존하기 위한 불가피한 질서다. 있는 것보다 없는 것이 더 문제다. 즉, 국가가 한 사회의 질서와 안녕, 복지를 책임지고 관리한다는 점에서 바울은 복종을 말한 것이다.

요약하자면 결론은 두 가지다. 하나는 선으로 악을 이기라는 것이다. 악을 악의 방식으로 맞서다 도리어 악해지지 말아야 한다. 원수와 똑같은 마음을 품고, 원수의 방식으로 투쟁하면 그 역시 싸움의 대상으로 전락하고 만다.

다른 하나는 성서를 자기 편의대로 갖다 붙이지 말아야 한다는 것이다. 정권에 따라 해석이 왔다 갔다 하는 것이야말로 성경이 수단이 된 증거가 아니면 무엇이겠는가. 박근혜 정부에게 복종을 주장했다면, 다른 정권을 향해서도 동일한 말을 해야 마땅하다. 반대로 박근혜 정부에 대해 저항을 요구했다면, 다른 정권을 향해서도 합리적인 비판을 멈추지 말아야 한다.

그리하여 원수를 사랑하라는 부름을 받은 그리스도인들에게, 특별히 소위 보수적인 성향의 그리스도인들에게 묻는다. 그대는 김대중과 노무현을 사랑하는가?

또한 진보적인 성향의 그리스도인들에게도 되묻는다. 그대는 이명박과 박근혜를 사랑하는가?

전통의 계승과 혁신

도킨스에 대한 반론

영국의 유명한 진화생물학자인 리처드 도킨스(Richard Dawkins)는 진화론의 대중화에 기여한 학자다. 그는 활발한 저술 활동으로 우리에게도 익히 잘 알려져 있다. 그중 『악마의 사도』는 그가 들려주는 종교, 철학 그리고 과학 이야기다. 이 책에 면면히 흐르는 메시지는 이 시대의 최고의 가치란 결국 과학적 사고에서 파생되는 것이니 과학적 사고로 세상을 보라는 것이다.

마지막 장인 '딸을 위한 기도'에서 좋은 믿음은 증거에 기초하고 나쁜 믿음은 전통, 권위, 계시에 근거한다고 그는 말한다. 이 말에는 과학적 사고에 대한 우월감은 한껏 부풀려 놓고 종교적 사고 체계는 비판하려는 숨은 의도가 담겨 있다. 그래서 그는 딸에게 증거가 없이 하나님을 믿는 것에 대해서는 신중하되, 증거를 토대로 자연세계를 이해하는 일은 지속하길 바란다고 말한다.

이러한 도킨스의 논지에 대해 진상을 규명해 보자면, 먼저 모든 전통이 잘못된 것은 아니라는 것이다. 전통에도 좋은 전통과 나쁜 전통이 있을 수 있기 때문이다. 이는 예수님의 태도와 가르침에서 분명히 볼 수 있다. 예수님은 인간 위에 군림하는 잘못된 전통을 단호히 반대하는 전통의 비판자였다. 안식일이 본연의 뜻과 반대로 인간의 안식을 앗아가는 유해한 제도가 되자 예수님은 이를 신랄하게 비판하셨다. 그 밖에 안식일에 밀 이삭을 자르는 일이나 식사 전에 손을 씻는 일, 하나님께 바치는 헌물인 고르반 문제에 대해서도 마찬가지였다.

다른 한편으로 예수님은 전통의 계승자였다. 그래서 예수님은 자신이 선지자나 율법을 폐하러 온 줄로 착각하지 말라고 엄히 경계하셨다. 마태복음은 예수님의 행동 하나 하나에 구약을 인용함으로써 예수님이 유대인들의 약속과 이상을 실현하신 분임을 입증한다. 불분명하고 불완전한 구약이 예수님으로 인해 명료해지고 완전해진 것이다.

이처럼 예수님은 전통이 갖는 폐해를 날카롭게 지적하시면서도 전통의 본래 취지와 정신을 그대로 계승하셨다. 예수님의 모습에서 우리가 배워야 할 것은, 그리고 도킨스에게 해주어야 할 말은, 전통 자체를 죄악시해서는 안 된다는 것이다. 물론 전통의 일부가 신앙의 본질에 위배될 때는 중세 가톨릭에 대항하였던 종교개혁자들처럼 과감하게 맞서야 한다. 하지만 종교개혁자들도 성서의 권위와 성 아우구스티누스의 전통적 가르침에는 충실했다. 그런 점에서 우리는 전통을 창조적으로 계승해 나가야 한다.

다음으로 규명해야 할 것은, 신앙의 전통을 비판하는 과학 역시 전통으로부터 자유로울 수 없다는 것이다. 여기서 먼저 인정해야 할 것은 과학이 상당히 합리적이고 실제적이라는 사실이다. 과학은 어느 학문 못지않은 객관성을 지니고 있다. 나는 한 과학자에게 1+1이 어떻게, 그리고 반드시 2가 될 수 있는가를 물었다. 그랬더니 일리 있는 질문이라면서 말하기를, 그 수학 공식에 근거해서 자동차가 달리고, 비행기가 날고, 인공위성이 하늘에 떠 있는 것이라 했다. 이처럼 과학은 실증적이고 합리적인 학문이다.

하지만 신앙과 마찬가지로 과학 역시 철저히 전통에 의존한다. 마이클 폴라니는 과학의 권위는 본질적으로 전통이라고 말한다. 과학을 배우는 사람의 대전제는 기존의 이론을 의심해서는 안 된다는 것이다. 과학은 증거에 근거해서 이론을 내세우지만 반대로 이론에 의해서 증거를 만들어 내기도 한다. 순수할 것 같은 관찰도 이론에 의존(theory-laden)한다는 것이다.

그러므로 이론 없이 사실과 증거를 관찰하기란 불가능한 일이다. 지금이야 당연한 것으로 받아들여지는 과학이론들도 당대 과학자 집단에게는 비과학적인 것으로 거부당한 사례가 수없이 많다. 새로운 이론이 기존의 이론에 부합하지 않는다는 이유로 부정되거나 무시되는 일은 다반사다. 그럼에도 전통 의존적인 과학의 현실을 부정하는 것은 무지이거나 위선이다.

또한 과학은 믿음의 세계와 달리 가치중립적이라는 전제도 옳지 못하다. 사실 과학이 가치중립적이라는 주장은 오랫동안 불변의 진리처럼 여겨졌다. 과학은 어떠한 주관적 가치에도 기울지 않고 객관성을 유지한다. 하지만 과학 기술의 발달과 함께 여러 가지 문제들이 나타나기 시작했다. 과학 기술에 대한 윤리적 인식과 책임이 요청된 것이다. 그러므로 이제 과학에서 주관성을 배제하기는 결코 쉬운 일이 아니다.

결국 도킨스의 주장은 나쁜 믿음에서 우리를 건져내려는 것이 아니라, 나쁜 과학으로 우리를 인도하는 듯하다. 그러므로 우리도 역으로 "당신의 말을 뒷받침하는 증거는 무엇인가?"라고 과감하게 질문할 수 있어야 한다. 동시에 "그 증거라는 것도 과학 내부의 전통이나 권위에 의한 것이 아닌가?"라고 되물어야 할 것이다.

이러한 도킨스의 오류를 지적하더라도 우리의 문제는 여전히 남아 있다. 교회의 역사와 전통에 대해서 회의적인 질문을 받는 근본적인 이유는 우리에게 있기 때문이다. 그것은 우리가 그리스도의 복음의 역사와 전통에 온전히 참여하지 못하기 때문이다. 종교개혁자들은 과거의 전통을 온몸으로 익힌 숙련된 전문가들이었다. 그러나 그들은 전통에 철저히 따르면서도 새로운 사회와 현실에 맞게 창의적으로 혁신하였다. 지금 우리에게 필요한 것이 바로 이러한 모습 아닐까? 숙련된 전통의 계승자이면서도 창조적인 전통의 혁신자 말이다. 올바른 앎이란 모름지기 비판적 능력과 전통의 수용이 함께 이루어져야 함을 기억해야 할 것이다.

구약의 완성

도올 김용옥에 대한 반론

도올은 우리 시대 지식인의 전형이다. 동서양의 학문을 섭렵하는가 싶더니 유불선과 고금의 경계를 넘나들고 나아가 기독교에 대해서도 한마디 하는 지경에 이르렀으니, 가히 전방위적 지식인이라 할 수 있다. 그는 실로 르네상스적 인간이다. 그런 그가 요한복음을 금강경과 도덕경과 함께 인류의 3대 지혜서로 꼽았다는데, 다른 것은 몰라도 요한복음에 대한 높은 평가는 적절한 듯싶다. 어느 학자는 요한복음을 일컬어 어린아이도 건널 수 있는 얕은 시내인 동시에 코끼리도 건널 수 있는 깊은 강이라 하지 않던가.

하지만 그가 주장하는 '구약성서 폐기론'에 대해서는 결코 동의할 수 없다. 그는 구약성경이 유대인의 민족신인 여호와가 유대인만을 대상으로 한 계약의 산물이기 때문에 예수의 출현으로 새로운 계약(신약)이 성립된 이상 효력이 없어졌다고 주장한다. 이러한 시각의 불합리함과 모순을 드러내기 위해 성경을 토대로 묻고 답하고자 한다. 첫째, 신약이 구약을 어떻게 이해하는가? 둘째, 요한복음 안에서 구약은 어떤 위치를 차지하는가? 셋째, 도올이 인용한 본문은 구약 폐기의 근거가 되는가?

먼저 신약에서 구약의 역할과 기능이 지극히 중요하다는 것은 아무리 강조해도 지나치지 않는다. 그 증거는 확고하고 분명하다. 확고하다는 것은 그만큼 구약을 하나님의 말씀, 곧 정경으로 인정한다는 증거가 숱하게 많아서 일일이 열거하기가 벅차다는 뜻이다. 신약은 구약의 완성이므로 구약이 없다면 신약도 있을 수 없다는 것이 공통되고 일관된 증거다.

먼저 복음서를 살펴보도록 하자. 특히 마태복음은 다른 어떤 복음서보다도 구약을 두드러지게 많이 사용한다. 일례로 "선지자들을 통하여 하신 말씀을 성취하시려는 것이다"라는 성취 형식 인용구가 무려 10회나 나온다. 그리고 구약을 지칭하는 다른 단어인 '율법이나 선지자'를 폐하려는 것이 아니라 도리어 완전하게 하려 한다는 예수님의 선언(5:17)이 드러나 있으며, 서기관과 바리새인의 의보다 더 나은 의(5:20)를 요구하시는 대목에서는 구약에 대한 예수님의 평가가 단적으로 나타난다. 예수님이 구약에 대해 취하셨던 자세를 이보다 더 선명하게 보여 줄 수는 없을 듯싶다. 마태복음의 가장 깊은 곳을 관통하는 증언은, 예수님은 율법의 연속선상에 계시면서도, 율법의 궁극적 목표를 성취하심으로써 율법을 초월하신 분이라는 것이다.[4]

신구약 중 이방인이 쓴 유일한 문헌이자 이방인에게 예수님을 증언하기 위해 기록된 누가복음은 다른 복음서와 같은 목소리로 구약의 중요성을 외친다. 가령 예수님이 나신 지 팔일 만에 할례를 받으신 것(2:21)이나, 예수님의 부모가 모세의 율법대로 예루살렘에 올라가 처음 태어난 아이를 하나님에게 바친 것이나(2:23), 율법의 규정대로 제물을 드린 것(2:24)은 적절한 사례다. 뿐만 아니라 예수님은 다섯 번씩이나 구약의 성취를 직접 언급하신다(4:21, 18:31, 21:22, 24:25-27, 44-47). 선지자 이사야의 예언을 읽는 순간 예수님은 자신 안에서, 그리고 자신을 통해서 예언이 성취되었다고 과감히 선언하신다.

만약 도올의 주장대로 구약이 폐기되어야 한다면 예수님이나 복음서 저자들은 무의미한 노력을 하는 것에 지나지 않는다. 아무리 도올이 탁월한 지성의 소유자라 해도 예수님보다, 복음서 저자들보다 성경을 더 잘 이해한다고는 결코 말할 수 없다. 결국 도올의 이해는 성경에 대한 오독으로밖에 볼 수 없다.

사도들은 구약을 굉장히 폭넓게 사용했다. 먼저 바울은 자신의 메시지의 역사적 증거와 의미를 추적하기 위해서, 신적인 권위를 확

---

4. 양용의, 『마태복음: 어떻게 읽을 것인가』, 성서유니온, 2005, 32쪽

보하기 위해서, 문학적 설득력을 강화하기 위해서, 그리고 그리스도의 시선으로 구속사를 보기 위해서 쉴 새 없이 구약을 인용한다.

또한 히브리서는 다른 어떤 서신보다도 구약적이다. 최승락 교수는 『최승락과 함께 하는 성경해석 산책』에서 히브리서는 구약을 통해 예수 그리스도를 증거하고, 또 구약을 통해 성도들에게 실제적 권면을 준다고 말한다. 그러면서 히브리서 전체를 읽을 때 우리는 구약성경을 본문으로 삼은 한 편의 긴 설교를 듣는 것과 같은 느낌을 받는다고 덧붙인다.

그렇다고 양자를 동일시하는 것은 아니다. 되레 예수님의 탁월성을 강력하게 논증한다. 저자는 예수님이 피조물인 천사와 달리 창조주이며, 하나님의 집에서 종으로 일한 모세와는 견줄 수 없는 하나님의 아들이고, 죄 있고 약점 많은 아론 계열이 아닌 멜기세덱의 반차를 따르는 하늘의 제사장임을 구약을 통해 제시한다. 이처럼 예수님은 구약의 계승자인 동시에 개혁자요, 완성자다.

요한계시록도 다른 신약의 입장과 별다른 차이가 없다. 우선 요한계시록은 인용 빈도에서부터 구약에 상당히 의존하고 있다는 인상을 준다. 요한이 본 환상은 다니엘과 에스겔을 배경으로 하지 않고서는 이해할 수 없다. 뿐만 아니라 15장의 어린 양의 노래는 출애굽기 15장에서 홍해를 건넌 다음 불렀던 모세의 노래를 반사하며, 17-18장의 바벨론의 멸망 선언 역시 이사야의 예언에 근거한다. 무엇보다도 신약의 마지막인 계시록이 창조의 완성인 동시에 새 창조를 노래한다는 점에서 구약의 처음인 창세기를 반영했다는 것을 알 수 있다.

    신약 어디에서도 구약을 폐기하는 목소리는 들을 수 없다. 도올은 기독교를 외부에서 비판하기보다 정통 신앙을 고백하는 한 신자로서 강독하겠다고 했는데, 그가 말하는 정통이 대체 무엇인지 궁금하다. 오히려 그는 정통 신앙에 눈먼 자가 아닌가 생각된다. 다른 것은 몰라도 구약 폐기론은 근본적으로 기독교와 성서 밖에서 보는 시각이기 때문이다. 이러한 논쟁을 통해서 그리스도인의 성경 이해와 정체성 이해가 보다 깊어지는 계기가 되기를 바란다.

기독교는 모순의 종교다

도정일에 대한 반론

도정일, 최재천 두 선생의 『대담』은 인문학과 자연과학의 만남이라는 점에서 매우 흥미진진하다. 자신의 영역에 너른 영토를 확보한 대가들이라 부드러운 대화를 나누는 듯 보여도 그 속에 예리함이 있고, 손에 땀을 쥐게 하는 전투인 듯하면서도 서로에 대한 존중을 엿볼 수 있었다. 그리고 동일한 사안에 대해서 인문학자와 자연과학자가 어떻게 달리 생각할 수 있는지를 볼 수 있는 좋은 기회였다.

그럼에도 아쉬운 논지는 있었으니 기독교는 모순-대립물을 악으로 여기고 제거해야 할 대상으로 본다는 것이다. 이어 실체를 인정하지 않고 '결여'라고 부르며 그것을 없애리라는 믿음을 지닌 것이 기독교 사유라고 말한다. 물론 그 말의 배경은 십분 이해한다. 세상에 존재하는 복잡다단한 현상을 신앙이라는 이름으로 단순하게 정리하려는 욕망, 곧 각자가 갖고 있는 고유함이나 다양성을 모순이나 대립으로 받아들이고 하나의 틀 속에 집어넣으려는 사유를 비판하고자 한 것이리라.

하지만 이 문장을 읽으면서 두 가지 물음을 품지 않을 수 없었다. "기독교는 과연 모순과 대립을 악으로 규정하는가?", "모순을 제거할 대상으로 간주한다면 왜 그렇게 하는가?" 우선 구약성서만 본다 하더라도 폭넓은 다양성이 공존함을 알 수 있다. 이에 폴 핸슨은 『성서의 갈등구조』라는 책에서 성서에는 두 개의 갈등 구조가 상존한다고 논구한 바 있다. 형식 대 형식의 개혁이라는 것이다. 그러면서 이것이 모세오경에서부터 묵시문학서에 이르기까지 어떻게 전개되었고, 그 양극성이 어떻게 예수를 준비했으며, 예수의 눈으로 그것이 갖는 의미가 무엇인지를 설명한다.

이처럼 성서 안에 갈등 구조가 있다는 것을 밝혀낸 것은 큰 의의가 있지만 한편으로는 아쉬움도 남는다. 우선 형식과 형식의 개혁이라는 말보다, 형식과 비판 혹은 대안이라는 말이 더 적절할 듯싶다. 그리고 양극성에 초점을 두다 보니, 양극으로 축소할 수 없는 다양한 전통과 전승을 약소하게 만든다는 느낌을 받게 된다. 핸슨은 왕과 예언자를 중심으로 놓고 기술하지만 구약에는 제사장 전통과 묵시문학 전통도 있다. 이런 것들이 핸슨의 말처럼 상호배타적인 것은 아니다. 서로의 세계가 충돌하면서도 성서의 계시 신앙의 틀 안에서 평화롭게 같이 살고 있다. 좌우간에 양극성이든 다양성이든 바로 그 자체가 신앙을 건강하게 만드는 요소라는 것이다.

성서 전체의 흐름만이 아니라 성서 개별 본문에서도 모순과 대립을 흔히 볼 수 있다. 필리스 트리블(Phyllis Trible)은 구약에서 도저히 설명 불가능한 네 개의 본문을 선별한 다음 '테러의 텍스트(the text of terror)'라 명명한다. 아브라함 부부가 하갈을 추방한 이야기, 이복오빠인 암논에게 강간당한 다말의 기사, 무명의 첩을 윤간하고 살해한 사사기 사건, 하나님께 드린 서원을 갚기 위해 자기 딸을 희생 제물로 드린 입다의 이야기 등은 그야말로 모가 난 본문이다. 하지만 이처럼 성서 전체에서 이질적이고 돌출한 본문들도 나름의 역할이 있다. 더불어 신앙이란 틀에 박힌 공식으로 체계화시킬 수 없음을 웅변한다.

비단 구약만 그런 것이 아니다. 예수님의 행적만 해도 네 개의 복음서들이 같은 사건과 말씀을 다르게 보도하여 혼란을 주는 듯하다. 하지만 앞서 말한 대로 성서의 의미는 고정된 것이 아니라 개방되어 있으며, 그러한 다양성이 우리로 하여금 충만하고 풍성한 예수님의 모습을 그릴 수 있도록 돕는다. 여기에 바울 서신과 기타 서신들 그리고 요한문서 등이 함께 어울리며 기독교 신앙은 결코 획일적이지 않음을 보여 준다. 성서의 다양성을 두고 근본주의자들은 혼란인 양 두려워하고 기독교 밖의 사람들은 얄팍하다 말하기도 한다. 하지만 성서의 세계는 깊이 들어가면 갈수록 실로 충만한 세계다.

그런데 이러한 성서 안의 다양성에도 불구하고 왜 기독교는 대립을 꺼리는 듯 보이는가? 기독교는 실체로 보지 않고 결여로 본다는 도정일 선생의 말에서 성 아우구스티누스의 악(evil)에 대한 설명이 연상된다. 성 아우구스티누스는 악을 선의 결핍으로 정의한 바 있는데, 아마 그것을 염두에 두고 이야기한 것이 아닌가 미루어 짐작해 본다. 하지만 아우구스티누스가 왜 악을 선의 결핍으로 규정하고 제거하려 들었는지를 살펴본다면, 도정일 선생의 발언에 대답도 될 뿐더러 기독교 신앙의 본질을 밝히는 데에도 도움이 될 것이다.

아우구스티누스는 악을 적극적인 실체로 보지 않고 조금 모자란 것으로 본다. 어둠은 빛과 대립하는 독립적인 실재가 아니다. 예컨대 형광등을 켜보면 빛에서 먼 곳이나 형광등 위는 조금 어둡다. 그 어둠은 빛과 대립된 것이라기보다는 빛이 조금 부족한 것이다. 그는 선과 악도 같은 방식으로 설명한다. 악은 선과 대립하는 실체가 아니며, 그저 선이 결핍된 것이다. 이러한 논리에는 도정일 선생과 같은 비판이 제기될 여지가 많다.

하지만 여기서 중요한 것은 아우구스티누스가 이렇게 말할 수밖에 없었던 배경이다. 그가 악을 선의 결여로 본 것은 그리스적 혹은 플라톤적 영향 때문이었다. 이 세상은 실체가 아닌 그림자이고, 오직 이데아만이 존재한다. 그러니 "그리스 사유에서는 반대되는 것을 소멸시키는 일은 불가능하다. 그것은 늘 공존상태다"라고 한 것은 그리스적 사유의 한 일면일 뿐, 전체는 아니라고 생각한다. 오히려 기독교가 대립물을 제거해야 할 악으로 단정하고 그 실체를 결여로 격하시킨 것은 성서 안의 양극성 혹은 다양성과 상반될 뿐 아니라 그리스적 사유의 영향을 받은 결과라고 볼 수 있다.

또한 그리스적 배경 외에도 마니교적 영향이 있다. 아우구스티누스는 오랫동안 마니교 추종자였다. 기독교의 유일신앙은 악의 존재를 설명하는 데 애로 사항이 많았다. 선하고 전능하신 하나님이 분명 존재한다면 악은 도대체 어디서 온 것이란 말인가? 만약 하나님에게서 온다면 그는 선하지 않은 것이고, 하나님이 아닌 것에서 온다면 그는 전능한 창조주가 아닐 것이다. 그래서 아우구스티누스는 선한 신과 악한 신의 영원한 대립과 투쟁으로 선과 악을 설명하는 마니교에 흠뻑 젖어들게 된 것이다.

하지만 그는 선과 악을 대립으로 파악하고 공존시키려는 마니교를 포기하고 기독교로 개종한다. 그 계기 중 하나는 천문학이었다. 우주의 별들이 너무 평화롭고 조화롭게 운행한다는 사실에서 그는 마니교로는 악이 존재한다는 사실 못지않게 선이 존재한다는 사실도 명백히 설명할 수 없음을 깨닫게 된다. 다시 말해 악과 함께 선이 존재한다는 것, 그리고 선이 궁극적으로 승리한다는 사실을 숙고하게 된 것이다.

여기에 하나 덧붙인다면 기독교로의 개종은 그의 개인사와도 관계가 있다. 진리와 학문에 대한 열정에 반비례하는 내면의 욕망 때문에 그는 늘 괴로워했다. 그의 『고백록』을 읽으면서 웃다가 울었던 한 대목이 있다. "하나님, 성적인 죄에서 이기게 해주십시오. 그러나 지금 당장은 그리 마옵소서!" 너무도 솔직하고 적나라한 고백에서 그가 얼마나 죄와 욕망의 실타래로 인해 괴로워했을지 짐작하게 된다.

이는 비단 아우구스티누스만의 고민은 아닐 것이다. 사람이라면 자신의 본능적 욕구와 죄로부터 자유로울 수 없기 때문이다. 그러므로 선과 악, 행복과 고통 사이의 대립을 부정하지 않으면서도 선의 궁극적인 승리를 말하지 않으면 안 되었다. 그런 희망 없이 선과 악의 싸움이 사는 날 동안 지속된다면, 그리하여 악이라는 실체가 계속해서 승승장구한다면, 그 절망을 인간이 도저히 감당할 수 없기 때문이다. 그래서 아우구스티누스는 악을 실체가 아닌 결여로 보았고, 선과 악의 대립물에서 제거해야 할 대상으로 보았던 것이리라.

이러한 아우구스티누스의 논리에 대한 가장 강력한 반론은 악이 '결여'가 아니라 '실재'라는 것이다. 선명한 고통의 상징인 예수님의 십자가는 선의 결여가 아니라 선의 부재를 나타낸다. 인간이 작당하고 하나님의 아들을 무참히 도륙했던 일, 그것은 선이 조금 모자란 것이 아닌 하나님에 대한 악의 반란인 것이다. 물론 그가 악을 가볍게 본 의도는 궁극적인 선의 승리와 희망을 불어넣기 위해서임을 알고 있지만, 악의 현실을 약화시켰다는 점은 비판받아야 마땅한 일이다.

그러므로 도정일 선생의 오해를 해명할 때다. 기독교를 가만히

들여다보면 양극성과 다양성을 내포하고 있으며 이러한 점이 도리어 기독교 신앙을 풍성하게 만든다. 그럼에도 불구하고 어떤 부분에서, 특히 선과 악의 문제에서 모순을 지우고자 한다면 그것은 모순을 불안하게 여기는 데서 비롯된 것이기보다는 선이 궁극적으로 승리하리라는 확신에서 온 것이리라. 그러므로 모순을 없앨 수 있다는 믿음으로 똘똘 뭉친 것이 기독교적 사유방식은 아니다. 이와 달리 모순을 다양성으로 인식하는 것이 기독교적 사유이고, 아무리 암담한 현실 속에 있어도 종말론적 희망과 최종적인 승리를 노래하는 것이 기독교 신앙의 본질이다.

교리의 본질과 기능

한완상에 대한 반론

예전부터 익히 알고 있던 바지만, 내 서재에 꽂혀 있는 책을 훑어보면 교리와 관련된 책이 매우 드물다. 여기저기 흩어져 있는 교리 책을 모아 보아도 스무 권 남짓하다. 책의 종류가 증명하듯 나의 관심 분야는 교리와 거리가 멀다. 이는 기독교 신앙의 신비(mystery)를 체계화시켜야 하는 교리 언어의 불가피한 운명을 인정하기 싫었던 탓도 섞여 있었을 것이다.

교리를 한 자라도 더 공부할 바에는 차라리 성서를 묵상하고 그 안에서 기쁨을 발견하는 것이 좋았다. 성서가 말하는 것을 말하고, 말하지 않고 남겨 둔 부분에서는 멈추어 서서 침묵하고, 성서가 가는 곳까지 따라가고, 가지 않는 곳은 가고픈 욕망을 애써 누르며 돌아서는 것이 그리스도인의 마땅한 도리라고 생각했기 때문이다. 내가 보기에 그것들은 교리와 달리 박제되지 않고 생생하게 살아 있었다. 그 안에는 피와 살이 있었고, 땀과 눈물이 있었다.

그렇다고 교리를 부정한 적은 없다. 마뜩잖다 해서 그 존재를 지워 버리는 것은 그야말로 폭력이 아니고 무엇이겠는가? 게다가 존재하는 모든 것은 나름의 역할과 의미가 있지 않은가? 성서의 창조 신앙은 이 세상에 있는 모든 것이 하나님의 뜻 안에서 생겨났고, 창조세계를 선하고 아름답게 만드는 데 기여한다는 세계관의 결정체가 아니던가?

그래서 교리는 영어로 'Dogma'라고 하는데 여기에는 독단이라는 뜻과 함께 교의라는 모순적 의미가 담겨 있다. 자칫하면 독선으로 길로 들어설 수도 있지만, 잘만 사용하면 가야할 길을 잘 인도하는 안내자 역할을 할 수 있다는 것이다.

교리의 특성을 살펴보면 교리의 이중적인 면모를 잘 알 수 있다. 첫째, 기독교 신앙은 일련의 교리나 신조가 아니다. 교리를 많이 안다고 신앙이 성장하거나 인격이 성숙하는 것은 아니다. 다만 신앙에 대한 정보와 지식을 더 많이 축적할 따름이다. 예컨대 기도에 관한 책을 많이 읽었다고 하자. 그러면 사람들은 기도 생활에 어떤 변화가 있을 것이라 기대한다. 하지만 기도는 실제로 직접 기도함으로써 제일 잘 배울 수 있다. 책은 곁에서 보조하는 역할에 불과하다. 교리 역시 기도에 관해 설명하고 도울 수는 있어도 결코 기도를 대체

할 수 없다. 그래서 스탠리 하우어워스는 『주여, 기도를 가르쳐 주소서』에서 교리의 목적은 우리로 하여금 '하늘에 계신 우리 아버지'께 기도하도록 돕는 것이라고 말한다.

한때 칼 바르트의 『교회 교의학』을 성서 못지않게 탐독한 적이 있었다. 가장 큰 감동은 조직신학 책이 설교일 수 있다는 점이었다. 사실 그도 교의학이란 모름지기 설교여야 한다고 말했다. 하지만 그 기쁨도 그렇게 오래가지 못했다. 성서를 제쳐두고 읽은 탓이었다. 아무리 뛰어난 교의학 책이라 해도 성서에 견줄 수 없었다.

둘째, 그럼에도 불구하고 기독교 신앙에는 교리가 필요하다. 구스타보 구티에레즈(Gustavo Gutierrez)는 『해방신학』에서 전통적인 신학의 과제를 영성 함양과 합리적 이해를 위한 지식으로 정리했다. 그는 여기에 비판적 숙고로서의 신학을 추가한다. 곧 신학은 신앙적 행위에 대한 반성이자 비판적 태도라는 것이다. 그러므로 신학은 신앙에 앞설 수 없고 오로지 신앙을 반영하고 비판하는 자리에 설 뿐이다. 그는 정통실천(orthopraxis)이란 개념을 교리가 신앙에 우선하지 않고 병행한다는 점, 더 나아가 기독교적 실천을 증진시킨다는 점을 강조하기 위해 사용한다.

그러면서도 신학은 영성과 합리적 지식을 모두 필요로 하지만 분열과 왜곡이 없어야 한다는 점을 잊지 않는다. 그러니까 신학은 그 자체로 하나님과 성서에 대한 묵상으로서의 영성적 행위이며, 그것을 지식의 체계로 성립하기 위해 논리적으로 설명하는 학문이다.

그러나 신학이나 교리에는 합리적 지식이 지배 체제를 정당화하는 이데올로기로 변질되었던 과오를 돌이켜 볼 수 있는 장치가 있어야 하며, 또한 지나치게 지성에만 함몰하여 몸으로 살아내는 실천적 삶을 간과했던 것을 반성하는 행위로서의 역할이 필요하다.

교리는 불필요한가? 사실 이 물음은 한완상 박사의 『예수 없는 예수 교회』를 읽은 것에서 비롯되었다. 그의 일관된 메시지 중 하나는 교리화, 곧 제도화되기 이전의 역사적 예수의 체취와 숨결을 회복하자는 것이다. 그 동기에는 십분 동의하나 주장을 전개하는 과정은 흔쾌히 받아들일 수 없다. 물론 한국 교회가 독선과 오만에 빠지게끔 만든 한 요소가 교리인 점은 부인할 수 없다. 교리가 유용성을 넘어 절대화되고 오남용되고 있는 실정에서 한 박사의 지적은 용기 있을 뿐 아니라 적절하다고 생각한다.

하지만 마치 교리의 존립 자체를 부정하는 듯한 발언은 교리가 당대의 물음과 도전에 대한 치열한 내적 투쟁의 산물이요, 결실이라는 점을 놓친 듯싶다. 교리가 어느 날 하늘에서 뚝 떨어진 것은 아니잖은가. 역사적 예수의 체취에는 견주지 못해도 역사적 산물인 교리의 끈적끈적한 땀 냄새 역시 소중하기는 매한가지다.

교리는 진리는 아니지만, 그렇다고 비리의 온상도 아니다. 교리는 그저 교리일 뿐이다. 교리는 신자의 신앙과 실천에 있어서 필요한 길잡이다. 처음 신앙의 세계에 들어선 이들에게 기초적인 교리는 얼마나 쓸모 있는지 모른다. 물론 기존 신자도 예외는 아닐 것이다.

결국 교리는 독선의 위험성을 스스로 인식하는 테두리 안에서 필요하다는 것을 인정해야 하겠다. 그 길을 모색하기 전에 최소한의 합의는 이것이다. 교리는 필요하다. 그 이상도, 그 이하도 아니다.

기독교적 세계관은 무엇인가

황우석 사건을 반추하며

얼마 전 '현재에서 바라본 10년 전, 황우석 사건'이라는 주제로 학술포럼이 개최되었다. 10년 전 대한민국을 떠들썩하게 만들었던 황우석 사건을 재조명한 포럼이었다. 당시 황우석 사건은 가히 메가톤급 폭풍이자 정신적 공황의 진원지였다. 황우석 사건이 발생한 지 어느덧 10여년이 지났지만 그 사건은 여전히 사회 각 분야에서 많은 영향을 주고 있다.

한 명의 그리스도인으로서 나는 이 사건을 그리스도 안에서, 그리스도를 따라서, 그리스도를 위하여 이해하고 해석할 필요를 느낀다. 그리스도 안에서 새로운 피조물(고후 5:17)이 된 그리스도인으로서 이 사건에 나타났던 세상의 풍조가 무엇인지, 그리고 하나님의 선하시고 기뻐하시고 온전하신 뜻이 무엇인지 분별하려는 것이다(롬 12:2). 이는 우리 자신의 내부적 물음이기도 하지만 동시에 오늘날 우리를 향한 세상의 질문이기도 하다.

이 사건의 가장 깊은 곳을 관통하는 문제는 '윤리'인 듯싶다. 먼저는 생명 윤리에 관한 화두를 생각해 볼 수 있다. 한국인의 전통적인 생명사상은 갓 태어난 아기를 0세가 아닌 1세로 간주하는 것에서 드러나듯이 착상하는 순간부터 생명체로 본다. 그리고 생명의 시작을 수정된 그 순간부터라고 보는 것은 전통적인 기독교의 시각이기도 하다. 그러므로 신성한 생명체를 과학적 연구와 치료라는 이름으로 인위적 조작을 가하고, 더 나아가 실험의 대상으로 삼는 일은 지양되어야 한다.

생명의 창조자인 하나님도 우리에게 부여한 자유의지를 존중하시고 끝없는 자비와 인내로 기다리시거늘, 하물며 인간에게 무슨 말이 필요하겠는가? 그러므로 생명체의 자유를 존중하지 않고, 제 멋대로 실험하고 버릴 수 있는 물질로 치부하는 것은 참으로 위험한 발상이다. 생명을 연구하는 생명 공학이 생명을 부정한다는 것은 심각한 모순이 아닐 수 없다. 황 교수의 연구가 초래한 모든 윤리적 문제의 근원은 바로 생명에 대한 외경의 부재, 좀 더 완화해서 말하자면 생명 의식의 빈곤이다.

또 한 가지 생각할 것은 연구 윤리다. 헬싱키 선언은 1964년 세계의사회가 규정한 윤리강령으로 인체를 대상으로 한 의학연구에 있어서의 원칙을 담고 있다. 이 선언에 따르면 자발적으로 동의하거나 거부할 위치에 서 있지 않는 이들을 연구의 자원으로 삼는 것은 그릇된 일이다. 하지만 오늘날에도 여전히 대학과 연구 기관에서는 각자의 이해관계에 의해 이 같은 일이 암묵적으로 횡행하고 있다.

자연과학은 말 그대로 자연을 연구의 대상으로 삼고 있다. 자연은 하나님의 창조 질서를 따라 작동한다. 이를 과학자들은 자연 법칙이라 부른다. 과학은 자연의 운동 법칙을 찾아내고, 그를 통해 인간을 이롭게 하려는 분야다. 그러므로 헬싱키 선언에서도 언급한 바와 같이, 인간에 대한 존중이 과학이나 사회적 이익에 우선해야만 한다. 다시 말해 연구가 창출할 이익과 성과보다도 윤리가 더 우위의 가치여야 한다는 것이다.

그래서 과학은 윤리적 틀 안에서 이루어져야 한다. 성과 지상주의에 사로잡혀서 윤리를 어겨도 된다는 구시대적 사고는 버려야 한다. 더 나아가 교회와 그리스도인은 생명 공학의 문제뿐 아니라 전반적인 과학 활동에 대한 윤리 수준을 강화할 것을 주장하고 실천해야 한다.

두 번째 반추할 수 있는 주제는 '진리'의 문제다. 한때나마 과학은 스스로 풀 수 없는 비밀이란 없다며 교만에 가득 차 있었다. 하지만 이 사건은 과학에 대한 그릇된 환상을 벗겨 주었고, 과학에 대해 비판적 시각을 가져야 한다는 것을 가르쳐 주었다. 특별히 기독교의 주관적 신념 체계를 비판한 과학이 스스로 주관으로부터 완전히 탈

피하지 못했다는 것을 보여 주었다.

그렇다고 과학이 불합리한 학문이라고 단정하려는 것은 아니다. 우리가 경험하는 바, 과학이 인간 사회에 가져다준 물질적 번영은 인정해야 한다. 과학의 발전이 초래한 위험들, 예컨대 생태계 파괴와 핵무기 등을 근거로 과학을 송두리째 부정하는 우를 범해서는 안 된다.

그러나 과학은 존재에 대한 최종적인 평가가 아니다. 과학에 대한 맹목적 신뢰와 과학자에 대한 신성한 권위를 인정하는 현 상황에 대해 성경은 진정한 권위는 예수님에게 속한다는 것을 밝힌다. 그리스도인들은 예수님의 권세를 잘 알고 있다. 그분은 옛 사람의 권위를 능가하는 분이며, 또한 그 권위에 의존하지 않는다. 그분 자신이 최종적 권위이기 때문이다. 과학이 아무리 실험과 관찰을 통해 자연의 신비를 캐내어도, 그 스스로 한계에 봉착할 수밖에 없다.

이 대목에서 우리는 "진리를 알지니 진리가 너희를 자유롭게 하리라"(요 8:32)는 구절을 떠올리게 된다. 여기서 우리를 자유롭게 하는 진리는 바로 예수 그리스도다. 모든 얽매인 것으로부터 자유를 주시는 분은 예수님이다. 과학의 연구가 인간의 물적 토대를 변화시킨 점은 십분 인정하지만, 인간의 궁극적인 자유는 하늘로부터 내려온다. 아무리 과학적 연구가 선하고 가치중립적이라 하더라도 그 결과를 이용하는 것은 인간이다. 그러므로 인간이 타락한 권세 아래 있는 한, 과학은 인간에게 자유를 줄 수 없다.

인간은 빵만이 아니라 하나님의 살아 있는 말씀으로 살듯이 과학은 우리에게 자유의 일부만 제공할 뿐 최종적인 자유는 하나님의 말씀으로부터 나온다. 그렇기에 과학에 대한 맹목적인 순응은 비판받아야 하고, 과학이 인류에게 자유를 준다는 환상도 벗겨내야 한다. 그리스도의 진리를 알고, 그 진리가 우리 사회와 교회를 자유하게 한다는 믿음 안에서만 과학이 제 역할을 할 수 있다는 것을 우리는 증언해야 한다.

셋째는 '은혜'의 문제다. 황우석 사건을 바라보는 기독교적 세계관의 틀은 결국 은혜와 창조의 관점이다. 그리스도인들은 복음서의 예수님 말씀과 바울의 서신서를 통해서 공로주의와 율법주의가 얼마나 심각한 영적 질병인지를 알고 있다. 예수님은 율법의 마침, 곧 완성이라는 바울 사도의 가르침(롬 10:4)은 율법의 한계와 그 역할을 간결하게 알려 준다. 율법은 예수님 없이 완성될 수 없으며, 오직 예수님 안에서 율법은 본래의 의미를 갖는다. 또한 율법은 예수님을 예비한다. 율법이라는 전제가 없으면 율법의 완성도 성립할 수 없는 것이다.

그럼에도 율법주의가 위험한 까닭은 거저 주시는 선물인 하나님의 구원을 인간의 행위와 노력, 공적으로 확보할 수 있다는 발상 때문이다. 하나님의 계시가 아닌, 인간의 내적 자원인 이성이나 도덕을 통해서 구원에 이르는 길을 찾고자 하는 것이 율법이다. 구원의 결정과 통제권이 마치 인간에게 있는 양 혼돈하고 착각하는 것이다. 성경은 이것을 하나님에 대한 도전이요 교만으로 규정한다.

성경의 창조 이야기는 이 세상의 주인이 누구인지를 확고하게 단언한다. 세상, 곧 자연은 우리에게서 난 것이 아니다. 하나님이 욥에게 말씀하신 바와 같이, 우리는 그분의 창조 행위에서 더하거나 뺀 것이 하나도 없다. 솔직히 말하자면 도리어 인간은 선한 세계를 파괴함으로 하나님의 창조에서 뺀 것만 있을 따름이다.

하나님이 우리를 하나님의 형상(Imago Dei)으로 창조하시고 세상을 다스리라 명하신 것은 한편으로는 관리를, 다른 한편으로는 누림을 허락하신 것이다. 황 교수의 연구의 궁극적 문제는 생명의 관리자가 아니라 생명의 주인이 되고자 한 것이요, 선물로 주신 세계를 누리려 하지 않고 조급하게 조작하려는 데 있었다. 창조의 관점에서 보면 이는 스스로 자연의 주인이 되고자 하는 인간의 교만한 본성의 표현이고, 자연에 변형을 가해서라도 자기 이익에 부합되게 만들려는 율법적 행위의 결과에 지나지 않는다.

옛말에 역사를 통해 배우지 못한 자는 그 역사를 반복한다고 했다. 참으로 두려운 일이 아닐 수 없다. 우리는 한 시대를 풍미했던 사건을 통해 정직이라는 기본적인 윤리 소양이 얼마나 고귀한 가치인지를, 그리고 윤리 의식이 사라지면 얼마나 엄청난 파괴적 결과를 초래하는지를 또다시 확인했다. 교회는 세상의 빛과 소금으로서 윤리의 파수꾼이 되어야 할 것이다.

이처럼 기독교적인 시각에서 세상을 바라보는 일은 매우 시급하고도 중요한 일이다. 과학과 언론, 그리고 나도 모르게 순응하고 마는 이 시대의 풍습과 가치관을 따르지 않고, 오직 마음을 새롭게 하여 하나님의 선하고 기쁘신 뜻을 분별하는 것은 주님의 명령이자 우리의 과제다. 우리는 세상에서 벌어지는 온갖 일들의 이면을 장악하고 있는 세속적 가치관에 맞서서 그리스도의 복음의 능력을 과감히 증언해야 할 것이다.

신앙은 가장 사적이고
가장 공적이다

월리스에 대한 비판

그리스도인의 삶 가운데 자주 회자되는 화두의 두 축은 '개인의 신앙'과 '사회적 실천'이다. 이 두 축은 떼려야 뗄 수 없는 관계로 그리스도인이라면 둘의 균형을 잡기 위해 적지 않은 고민을 했을 것이다. 신앙에서 출발한 물음은 곧 실천에 대한 물음으로 귀결되기 때문이다.

신앙이 사적 영역인지, 아니면 공적 영역인지에 대한 물음을 숙고하기 위해 짐 월리스(Jim Wallis)의 『하나님의 정치』를 이야기하고자 한다. 정치의 영역에서 그리스도인들이 어떻게 살아야 하는가에 대한 탄탄한 지적인 작업과 더불어 새로운 대안을 제시하는 이 책은 참으로 명쾌하다.

그는 일관되게 하나님을 특정 정당으로 정치화하고 정치적 도구로 삼는 행위를 비판하며 예언자적 종교의 회복을 역설한다. 번역본에는 없는 부제는 '왜 우파는 하나님의 정치를 그릇되게 만들었고, 좌파는 아예 멀리했느냐'이다. 전자는 하나님의 정치를 낙태와 이혼과 같은 개인적이고 가족적인 문제로 축소했고, 후자는 그저 사적인 영역에만 국한시켜 공적인 사회에서는 작동될 수 없는 것으로 배제했다. 그 결과 한 사회를 변혁하는 영적이고 도덕적인 가치가 사장되고 말았다.

그는 "하나님은 개인적이지만 사적이지는 않다"(God is personal, but never private)고 단언한다. 여기서 그는 두 단어를 엄밀하게 정의하지 않는다. 짐작건대 '개인적'이라는 말이 이웃과 분리되지 않는 인격적인 한 사람을 일컫는다면, '사적'이라는 말은 공과 사, 외부와 내부를 엄격하게 분리하는 사람일 것이다. 만약 신앙이 사적 영역이라면 개인의 내면에서만 작동할 뿐 사회의 실천과는 무관하다. 그러니까 믿는 것과 행하는 것이 달라도 무방하다는 것이다.

하나님을 사적인 존재로 만드는 것은 그야말로 오도된 신앙이다. 하나님이 창조하지 않은 것이 이 세상에 존재할 리 없고, 그분의 사랑과 구원의 대상에서 열외인 피조물이 없으며, 온 우주는 하나님의 세계이자 하나님의 거처다. 그렇기 때문에 기독교 세계관이 정치에 대해 어떠한 대답도 줄 수 없다고 한다면, 곧 하나님을 축소하는 일이 된다.

월리스는 논의를 발전시켜서 궁극적인 문제는 신앙이 아니라 신학이라고 진단한다. 그래서 그는 조지 부시 대통령의 개인적 신앙에 대해서는 긍정적으로 평가하지만 신학에 대해서는 큰 오류에 빠졌음을 지적한다. 가난이라는 문제에서 부시는 자비의 하나님은 믿었지만 정의의 하나님은 믿지 않았다는 것이다. 어떻게 보면 일리 있는 말처럼 들린다. 대학 시절 한창 기독교 운동을 고민하던 나는 한 가지 흥미로운 사실을 발견했다. 열성적인 운동권 학생들 중 기독교인 비율이 상당히 높다는 것이다. 그 이유는 무엇이었을까? 아마 성경의 깊은 곳을 면면히 흐르는 하나님의 정의와 사랑이 그들의 가슴 속에 흐르고 있었기 때문일 것이다. 그래서 정치신학의 선구자인 요한 밥티스트 메츠(Johann Baptist Metz)는 누군가 예수를 따르고자 할 때는 '위험한 기억'(dangerous memory)을 감내해야 한다고 말했다. 혹자는 예수 때문에 데모도 그만두고 일상의 영역에서 착실하고 안전하게 살아간다지만, 나는 반대로 예수 때문에 안정된 일상을 흔드는 일에 뛰어들었다. 그리고 지금도 여전히 그 일들을 위해 몸부림치고 있다. 더 적극적으로 나서지 못하는 자신을 스스로 질책하면서 말이다.

하지만 나는 신앙이 아니라 신학이 문제라는 말에는 동의하지 않는다. 그릇된 실천은 지당히 신앙 자체의 문제라고 생각하기 때문이다. 가령 주일 예배는 거룩하게 잘 지키면서, 일상에서는 속되게 산다는 것은 어불성설 아닌가? 세상에서 거룩한 일상을 살아내지 못한다면 예배가 거룩하지 못했다고 말해야 사리에 맞다. 그리스도인은 이원론적인 삶을 산다는 말로, 하나님 나라가 '아직 아니'(not yet) 왔다는 말로 언제까지 변명만 할 것인가? 신앙이 잘못되었으니 신학도 나쁘고, 실천도 그릇된 것이다. 그것이 그리스도인이 당면한 현실이고 진실이다.

한편 윌리스는 마틴 루터 킹을 통해 자신의 견해를 밝힌다. 흑인 민권운동을 주도했던 루터킹은 1963년에 버밍엄에서 체포되었다. 그는 감옥에서 편지를 통해 '비폭력 직접행동'에 대한 의미를 밝히고 그와 대척점에 있는 백인 온건주의자에게 자중할 것을 요청했다. 그가 말하는 비폭력 직접행동은 매우 현명하고 자기희생을 요하는 사회운동이었다.

여기에서 비롯되는 사회적 긴장은 흑인들이 인간의 존엄성을 회복하기 위한 과정에서 필연적으로 생기는 것이었다. 그런데 정의보다 질서를 중시하던 백인 온건파들은 그 긴장을 부적절한 것으로 여겼다. 그리스도인들의 생각도 별다르지 않았다. 그래서 루터는 이러한 생각이 정의와 자유를 가로막고 있다고 생각하여 비판하는 편지를 쓴 것이다. 헌데 여기서 중요한 것은 루터는 결코 그들을 향해 비신앙인이라거나, 거짓 신자라고 매도하지 않았다는 점이다. 다만 그들에게 더 깊은 믿음의 세계로 들어갈 것을 요청하고 격려했다.

일부 사람들은 과연 저런 사람도 그리스도인이라고 할 수 있는지를 운운하지만 거듭남의 판단 여부는 인간이 아닌 하나님의 주권에 달려 있다. 그러므로 일만 달란트 빚진 자이면서도 일백 데나리온 빚진 자를 용서하지 못한 과오를 반복해서는 안 될 일이다. 같은 죄인이면서 누구를 정죄한단 말인가?

그러니 좀 더 정밀하게 설명해야 할 것이다. 월리스는 신앙 앞에 '좋은'이라는 수식어를 직접적으로 붙이지 않았지만, 암묵적으로는 내포하고 있는 듯이 보인다. 그러니까 좋은 신앙이지만 나쁜 신학으로 말미암아 위험한 정치를 한다는 것이다. 그러나 나는 나쁜 신앙이기에 나쁜 신학과 나쁜 정치, 나쁜 실천으로 드러난다고 생각한다. 좋은 나무가 좋은 열매를 맺는다고 하지 않았던가. 역으로 생각하면 나쁜 열매를 맺는 좋은 나무는 있을 수 없다. 나무가 좋으면 열매도 좋고, 열매가 나쁘면 나무도 그러하다. 이것이 주님의 가르침이며 우리가 목도하는 현실과도 일치한다.

그래서 야고보는 한 입으로 하나님을 찬양하고 이웃을 헐뜯는 태도를 크게 비판한다. 한 샘물이 동시에 단물과 쓴 물을 낼 수 없는 것과 같은 이치라는 것이다. 그러므로 한 사람 안에서 신앙은 좋은데 신학이 나쁘다는 말은 성립되지 않으며, 신앙은 진실해도 공적인 자리에 서면 어쩔 수 없이 신앙과 다른 선택을 할 수밖에 없다는 말에도 동의할 수 없다. 신앙과 신학은 동전의 양면과도 같기 때문이다. 그렇다고 해서 그 신앙이 참된 신앙이 아니라고 말하려는 것은 아니다. 판단 여부는 전적으로 옹기장이의 주권이기 때문이다. 그저 겸손하게 하나님의 판단에 맡기고 다만 내 신앙을 돌아볼 일이다.

우리는 생명력 있는 그리스도인의 삶을 살기 위하여 예언자적 신앙을 회복하고 장차 완성될 하나님 나라의 전진에 동참해야 한다. 삶의 현장에서 신앙을 표현하고, 신앙에 따라 행동해야 한다는 것이다. 말하는 것이 내가 아니라 발 딛고 서 있는 곳이 나임을 기억해야 한다. 그러므로 신앙은 가장 사적이고 가장 공적이다.

좋은 나무가
좋은 열매를 맺는다

교회의 위기, 원인과 대안

통계청이 2006년 5월에 발표한 종교 인구 동향은 기독교에 적잖은 충격을 던졌다. 같은 기간에 가톨릭과 불교의 신자 수는 증가한 반면 유감스럽게도 기독교는 눈에 띄게 줄었기 때문이다. 허나 이 통계가 그다지 새삼스럽지 않은 것은 각 교단과 교회의 출석 교인 보고에 거품이 많았으며, 한국 교회에 위기가 닥치고 있다는 교계 내외의 뜻있는 인사들의 경고 역시 숱하게 많았기 때문이다.

하지만 이런 현상을 무조건 비관적으로 전망할 필요는 없을 것 같다. 후안 카를로스 오르티즈(Juan Carlos Ortiz)는 『제자입니까』에서 교회 부임 후 2년 동안 극성스러운 전도를 한 덕분에 교인수가 184명에서 무려 600명으로 성장했다고 고백한다. 하지만 급격한 성장에 무엇인가 잘못되었다는 느낌을 지울 수 없던 그는 2주간의 말미를 얻어 기도와 묵상에 전념하던 중 성령님의 음성을 듣게 되었다. 그것은 그가 코카콜라를 파는 것과 똑같은 방식으로 복음을 전하고 있다는 것과, 교회가 200명에서 600명이 된 것은 자란 것이 아니라 살이 찐 것이라는 음성이었다. 마찬가지로 그동안의 한국 교회 역시 자란 것이 아니라, 그저 살이 쪘던 것은 아닐까? 그리하여 지금 이 살이 빠져가는 과정이라면 이 조사가 한국 교회의 우울한 미래를 결정하는 것만은 아닐 것이다.

한 가지 덧붙이자면 오직 기독교만 위기에 처한 것은 아니라는 사실이다. 가톨릭의 경우 외관상 신자 수는 증가했으나 실제 신앙생활은 하지 않는 일명 무늬만 신자가 전체에서 36%를 차지하며 10년 새 두 배나 늘었다고 한다. 정확한 통계가 없을 뿐이지 불교는 상황이 더 심각하지 않을까 조심스럽게 추정해 본다.

하지만 현재의 상황이 마냥 긍정적인 것만은 아니다. 말로 신앙을 고백하는 것을 중시하고, 게다가 다른 어떤 종교보다 적극적인 전도와 선교 활동을 펼치는 기독교의 신자가 감소한 것은 이만저만 심각한 문제가 아닐 수 없다. 현재 기독교의 상태가 건강한 다이어트 현상이 아니라는 것은 누구나 공감할 것이다. 규칙적인 운동과 식습관을 중심으로 하는 생활 자체의 개선이 있다면 그것은 반색할 일일 것이다. 하지만 규칙적인 습관을 따르는데도 살이 계속해서 빠진다면 그것은 이상 징후일 것이다. 곧 위기인 것이다.

이런 상황에서 한목협의 8차 전국수련회 참석자를 대상으로 한 설문조사는 현재의 위기를 바라보는 교회, 특히 목회자들의 인식을 적나라하게 보여 준다. 응답자들은 기독교인의 감소 이유로 '대외이미지 실추'(25.41%)를 가장 큰 이유로 꼽았다. 이어 '교회가 사회 변화를 인식하지 못함'(21.62%), '각 교단의 교세보고의 거품'(11.35%)의 순으로 나타났다.

현재의 위기를 바라보는 그리스도인의 상당수는 그 원인을 기독교의 이미지 실추에서 찾는다. 그동안 한국 교회가 사회의 어두운 곳을 밝히는 데 상당한 기여를 해왔으나 그것이 충분히 알려지지 않은 채 부정적인 면만 부각된 것이 주된 요인이라는 것이다. 하지만 나는 이러한 주장에 동의할 수 없다. 결론부터 말하자면 진단이 잘못되었으니 처방 또한 잘못되었다. 그렇다면 왜 진단이 잘못되었는가? 이 설문조사에서 순위를 차지한 3개의 항목을 하나하나 살펴보도록 하자.

우선 각 교단의 교세보고의 거품은 한국 교회의 부정직, 물량주의, 성공주의를 반영한다. 교회가 신자의 내면세계 질서와 영적 성장에 집중하기보다는 외적인 화려함을 좇는 일이 일반화되었던 것이다. 교회의 가치가 본래의 성경적 가르침과 동떨어져 갈수록 내밀한 균열이 생겼고, 그 사이로 진정한 신자에 대한 자각이 떠오르기 시작하였다. 표면적인 신자는 신자가 아니며 이면적 신자가 참 신자다(롬 2:28-29).

두 번째 진단은 기독교가 사회적 변화를 인식하지 못했다는 것이다. 이 조사에서 말하는 사회적 변화가 구체적으로 의식의 변화인지, 사회적 환경의 변화인지, 아니면 모두를 포함하는 것인지 잘 모르겠다. 구태의연한 옛 습관과 고루한 전통에 얽매이다 보니 변화에 민감하지 못했다는 말에도 어느 정도 일리가 있다. 하지만 여기에서 두 가지 전제를 지적하고 싶다. 하나는 교회의 위기가 진정 사회 변화를 제대로 간파하지 못한 데에서 비롯된 것이냐는 물음이다.

그리스도인과 교회의 선결 과제는 그리스도에 대한 신실성이다. 신약은 우리를 일컬어 제자라고 부르는데, 그리스도인이라는 호칭에 비해 제자라는 명칭이 압도적으로 많다. 제자의 진정성은 스승을 본받고 따르는 것이다. 그러므로 제자의 성공과 실패는 스승을 얼마나 본받았느냐에 달려 있다. 마찬가지로 교회의 건강성, 보다 정확히 말하자면 교회의 교회다움은 우리가 얼마나 그리스도의 길을 철저히 따랐는가에 달려 있다.

외적으로 신자 수가 급감함에도 불구하고 내적으로는 하나님 앞에서 한 달란트를 지닌 교회가 된 것은, 교회가 세상의 변화를 제대로 감지하지 못하고 예민하게 응답하지 못해서가 아니라, 복음에 충실하지 않았기 때문이다. 구약은 이스라엘이 심판받은 이유를 그들이 끊임없이 당대의 문화 주변을 기웃거린 데서 찾는다. 신약 역시 우리가 이 세상을 본받거나 사랑하는 일을 경계한다. 그러므로 교회가 변화에 능동적으로 대처하지 못해서라는 것은 어디까지나 부차적인 요인일 수밖에 없다.

다른 하나는 암묵적 전제가 잘못되어 있다는 것이다. 그 전제란 순수한 복음만을 너무 완고히 붙잡느라 세상의 변화를 미처 파악하지 못했다는 것이다. 칼 바르트의 말마따나 한 손에는 성경을, 다른 한 손에는 신문을 들고 있어야 하는데, 우리는 성경만 읽느라 세상이 어떻게 돌아가는지 분별조차 하지 못했다는 지탄인 듯싶다. 그러나 내가 보기에는 오히려 정반대다. 성경을 너무 안 읽고 신문만 읽었거나, 성경은 읽었지만 신문 같지 않은 신문을 탐독했기 때문이다. 한번은 수업 시간에 지도 교수가 이런 말을 해서 다들 크게 웃은 적이 있었다. 한국 교회와 목사들은 한 손에는 성경이, 다른 한 손에는 조선일보가 있다고.

언제부터인가 재벌들이 공적인 재산을 사유화하여 자녀에게 대물림하듯이 교회도 세습을 일삼았고, 목사는 목자가 아니라 CEO가 되었으며, 교회는 목양이 아니라 경영하는 곳이 되었다. 사실 이런 사례가 너무 많아 열 손가락으로는 다 헤아리지 못할 지경이다. 그러니 세상의 변화를 안 따라간 것이 아니라 너무 많이 따라간 것이 문제인 것이다. 그러고도 세상의 변화를 인식하지 못했다고 하니, 얼마나 세상을 쫓아가야 그만 하겠는가?

마지막으로 진단한 것은 이미지 실추 문제다. 실체와 별반 상관없는 부정적인 이미지 탓에 교인 수가 감소했다고 생각하니 실로 답답한 노릇이다. 한마디로 실체는 그렇지 않은데 외부에 왜곡되어 알려졌다는 것이다. 하지만 그 이미지는 실체에서 비롯된 것이라고 보아야 타당하다. 한국 교회가 복음의 본연에 충실하게 살았음에도 불구하고 한 손이 하는 일을 다른 손이 모르게 하는 바람에 세상이 영 몰라 주는 것은 아닌 듯하다. 오히려 한국 교회는 이미지가 실추될 만한 일을 너무 많이 했기 때문에 사회적 인식이 나빠졌다고 보는 것이 타당하다. 교회와 세상이 어떻게 다른지 세상도, 교회 스스로도 분간할 수 없을 지경이다.

로날드 사이더의 『그리스도인의 양심 선언』은 미국의 복음주의 교회와 비복음주의 교회, 그리고 비신자를 상대로 한 윤리 의식과 행태에 관한 조사를 담고 있다. 예컨대 폭력, 이혼과 가정불화, 인종차별 등과 관련해서 미국의 신자들은 불신자들과 하등 다른 점을 보여 주지 못한다. 이 결과를 미국과 전혀 다른 정황인 우리 현실에 그대로 적용하는 것은 얼마간의 무리가 따르겠지만, 대동소이하다고 해도 그리 큰 문제는 없을 듯하다. 그렇기에 한국 교회가 도덕적, 윤리적 우위를 점하기는커녕 그 반대라는 사실은, 오늘날 우리의 위기가 이미지의 문제가 아닌 본질 자체의 문제에서 비롯되었음을 말해 준다.

좋은 나무는 좋은 열매를 맺고 나쁜 나무는 나쁜 열매를 맺기 마련이다. 좋은 나무가 나쁜 열매를, 나쁜 나무가 좋은 열매를 맺을 수 없다. 또한 포도나무가 사과를, 무화과나무가 올리브를 생산하지 못한다. 그것은 자연의 이치이며 주님의 말씀이다(마 7:17-19, 12:33-35). 주님은 우리에게 세상의 빛이라는 정체성을 심어 주셨다(마 5:14). 빛은 어둠 가운데 찬연하게 드러나기 마련이고, 언덕 위에 자리 잡은 동네는 숨으려 해도 공연히 드러난다. 마찬가지로 우리의 착한 행실은 곧 하나님께 영광으로 드러난다. 결국 오늘날 교회가 지탄받는 이유는 교회가 교회답지 못하고, 그리스도인이 그리스도인답지 못하기 때문이다.

낭중지추(囊中之錐)라는 고사성어가 있다. 주머니 속의 송곳이 주머니를 뚫고 나오듯이, 실력이 뛰어난 사람은 숨어 있어도 저절로 남의 눈에 드러나기 마련이라는 뜻이다. 이처럼 교회를 교회답게 만드는 성령과 은혜가 충만하다면 세상 사람들도 그 모습을 보게 될 것이다. 속은 텅 비어 있으면서도 이미지 타령만 계속한다면, 그것은 회칠한 무덤이 되는 길이다. "화 있을진저 외식하는 서기관들과 바리새인들이여 회칠한 무덤 같으니 겉으로는 아름답게 보이나 그 안에는 죽은 사람의 뼈와 모든 더러운 것이 가득하도다"(마 23:27).

예수님은 경건에 극히 중요한 세 가지 요소인 기도와 헌금, 금식을 가르치시면서 누차 사람에게 보이지 말라고 명하셨다(마 6장). 하나님 아버지가 다 아시기 때문이다. 이미지를 개선한다고 교회가 부흥하고 세상이 변혁되는 것이 아니다. 이제는 예쁘고 아름다운 페인트로 칠하려는 이미지 타령은 멈추어야 한다. 우리는 다만 송곳을 열심히 갈아 내실을 튼튼히 다지는 것밖에 다른 도리가 없다. 좋은 나무가 되면 절로 좋은 열매를 맺게 될 것이다.

최고의 스승은 예수 그리스도

참된 깨달음을 얻는 길

나는 책을 깊이 사랑한다. 그래서 특정한 주제에 대해 더 알고 싶거나 어떤 문제가 생기면 해결책을 생각하기 위해 책을 먼저 찾는다. 그러고 보면 나의 삶은 상당 부분 책에 빚지고 있다. 책은 여러 방면의 길잡이가 되어 주었고, 삶에 필요한 새로운 경험과 성찰도 주었기 때문이다. 하지만 우리 삶은 몇 권의 책을 읽더라도 도무지 종잡을 수 없는 일들이 다반사로 일어난다. 이럴 때 우리에게 절실히 필요한 존재가 옳은 가르침을 줄 수 있는 선생이다.

도올 김용옥의 공부법이 생각난다. 그의 공부 요령은 '전문가에게 배우기'라고 한다. 얼핏 그는 웬만해선 다른 사람에게 머리 숙이고 배우기를 자처할 것 같지 않다. 허나 예상과 달리 그는 새로운 주제를 공부할 때면 으레 해당 분야의 최고 전문가에게 머리를 숙이고 배운다. 그러면 시간도 절약할 뿐더러 책에서는 얻을 수 없는 풍부한 지식을 얻을 수 있기 때문이다.

사실 많은 학자들에게 그 분야를 선택하게 된 동기나 출발점을 물어보면, 좋은 선생님을 만났기 때문이라는 말을 심심치 않게 들을 수 있다. 나의 경우도 마찬가지였다. 대학원에서 신학을 공부하면서 전공 선택의 첫 번째 기준을 전공 자체보다는 교수로 설정했었다. 그러던 중 종교철학의 배국원 교수님을 만나게 되었다. 교수님은 아직 우리나라 신학계에서 논의가 되지 않았던 영미권의 최신 신학을 소개시켜 주었고, 동시에 도서관에 최고의 신학 저널을 골고루 갖추게 하여 고급 정보에 대한 접근을 수월하게 해주었다. 그분의 수업이 특별했던 것 중 하나는 분야를 막론하고 좋은 책들을 엄청나게 많이 알려 주었다는 것이다. 그래서 나도 이렇게 독서쟁이 목사가 된 것이 아닌가 생각한다.

공부에 있어서 선생의 중요성과 함께 제 스스로 깨치는 것이 병행되어야 함을 화담 서경덕만큼 잘 알려 주는 이도 없을 듯하다. 그는 당대의 퇴계 이황이 독서를 통해 학문을 궁구한 것과 달리 사색을 통해 길에 도달하고자 하였다. 벽에 글자 하나를 써놓고 며칠을 숙고하며 그 의미를 깨치고자 용맹정진했다. 이것이 그를 가난하게 만든 뒷사정이라는 말도 있지만, 어찌 되었건 그는 스승 없이 홀로 이치를 터득하였다. 그래서 그는 후학들에게 이런 가르침을 주었다.

"나의 학문은 모두 스스로 고심하고 온 힘을 다해 얻은 것이다." 스스로 배움의 길을 터득한 자의 도저한 자신감이 넘쳐흐르는 구절이 아닐 수 없다.

그렇지만 동시에 그는 이런 말도 남겼다. "나는 젊은 시절에 어진 스승을 만나지 못해 공부에 헛된 힘을 많이 썼다. 공부하는 이들은 이런 나를 본받아서는 안 될 것이다." 이는 스승에 대한 진한 아쉬움을 드러내는 대목이다. 양자를 종합해 보면 좋은 선생의 가르침과 정일한 노력이 호응하는 것이 공부의 정도라는 것이다.

바울의 공부도 별반 다르지 않았다. 그는 죽은 자를 보면서 자신의 미래와 운명을 불안해하는 고린도 성도들에게 부활의 복음을 증거한다. 그러면서 자신이 말하는 부활의 진리가 혼자 터득한 것이 아님을 고백한다. "내가 받은 것을 먼저 너희에게 전하였노니"(고전 15:3). 1절에도 사용한 적 있는 '전해 받은'이라는 말은, 전통의 전승을 뜻한다. 그러면서 바울은 '성경대로'(3, 4절)라는 단어도 2회 사용한다. 그는 자신의 부활 이해가 제 마음대로 지어낸 것이 아닌, 성경과 교회의 사도와 교사의 가르침을 받은 것이었기에 떳떳하게 주장할 수 있었다.

그런데 갈라디아서에서 바울은 다마스쿠스에서 예수님을 만난 뒤 곧장 아라비아 광야로 가서 기도와 연구에 매진하다가 3년 후에야 베드로로 상징되는 예루살렘의 사도들을 만나 사뭇 다른 말을 전한다. "그 아들을 이방 사람에게 전하게 하시려고, 그를 나에게 기껴이 나타내 보이셨습니다. 그때에 나는 사람들과 의논하지 않았고, 또 나보다 먼저 사도가 된 사람들을 만나려고 예루살렘으로 올라가지도 않았습니다. 나는 곧바로 아라비아로 갔다가, 다마스쿠스로 되돌아갔습니다"(갈 1:16-17, 새번역). 자신의 전하는 것은 다른 사람의 가르침과는 아무 상관이 없다는 것이다. 하지만 갈라디아서 전체 문맥에서 보자면 이는 바울의 사도직과 복음 이해의 원천이 사람이나 전통, 문화, 관습에서 비롯된 것이 아니라, 예수님으로부터 나왔다고 주장하려는 것이다.

언뜻 모순으로 보이는 바울의 어법은 편지 수신자들의 정황 속에서 읽으면 그리 혼란스럽지 않다. 모름지기 공부와 신앙에는 두 가지 방법이 공존하는 법이다. 종내는 홀로 씨름해야 하지만 좋은 길라잡이가 있으면 엉뚱한 곳을 헤매지 않고 곧바로 나아갈 수 있다. 제 혼자 하려고 하면 더디기 마련이다. 불현듯 줄탁동기(啐啄同機)라는 말이 생각난다. 병아리가 나오기 위해서는 새끼와 어미닭이 안팎에서 쪼고 밀쳐내야 한다는 말이다. 여기서 병아리는 깨달음을 향하여 앞으로 나아가는 자기 자신이고, 어미닭은 가르침을 일러주는 스승이라고 할 수 있다. 이처럼 바울은 홀로 매진하여 진리를 깨친 반면에 전통과 선생의 중요성을 결코 간과하지 않았다.

달라스 윌라드(Dallas Willard)는 "당신의 스승은 누구인가?"라는 물음을 던졌다. 그러면서 그는 『잊혀진 제자도』에서 우리가 진심으로 예수를 주로 고백한다면, 우리가 연구하는 분야의 대가로 능히 인정해야 한다고 말한다. 그에 따르면 우리는 예수님에게서 세 가지를 배워야 한다. 존재의 이유, 내면의 새로운 성품 형성, 그리고 지식의 정보가 그것이다. 내 인생과 학문과 신앙에서 최고의 스승은 예수 그리스도라는 점은 지당하다. 우리는 참되고 유일한 스승, 예수 그리스도 안에서 정말이지 잘 배워야 할 것이다.

왜 저들을
사랑할 수 밖에 없는가

말하는 교회가 아닌 실천하는 교회

최근 사회를 향한 교회의 사회적 발언들을 어렵지 않게 들을 수 있다. 한 시대에서 중요하게 떠오르는 사회적 담론을 배제하고는 기독교의 복음을 온전히 말할 수 없고, 성경적 가르침이라면 세상에 대한 역할과 의무를 마땅히 담고 있어야 한다는 사람들의 요구 때문인지도 모르겠다. 그러나 여기에 뒤따르는 실제적인 참여 여부에 대한 물음에는 쉽게 답할 수 없다. 확신하며 답하기에는 교회라는 공동체적 실천은 엿보이지 않고, 목회자 한 사람의 말만 있는 경우가 허다하기 때문이다.

스캇 맥나이트(Scot McKnight)는 『하나님 나라의 비밀』에서 '하나님 나라는 교회다'라는 대담한 주장을 펼친다. 그것이 세상을 구원하시려는 하나님의 비밀병기이자 알다가도 모를 모략이라는 것이다. 그에 따르면 지역 교회 안에서 구체적이고 실질적으로 하나님 나라가 드러나야 한다. 교회 안에서 하나님 나라를 맛볼 때, 교회가 세상과 같지 않을 때, 교회는 비로소 세상을 구원하는 하나님의 방법이자 목표가 될 수 있다.

하나님 나라를 위해 작은 몸부림도 하지 않는 교회가 내뱉는 일체의 발언과 행동은 속빈 강정과 같아 허무하기 이를 데 없다. 교회가 살아내지 못하는 복음을, 교회 안에서도 이루어지지 않는 하나님 나라를 세상에 말한다는 게 여간 부끄러운 일이 아니다. 우리도 몸소 실천하지 못하는데 무슨 말이 더 필요하겠는가. 그래서 스캇은 통전적 구속의 시각에서 사회적 차원은 무엇보다도 교회라고 불리는 사회적 현실 안에서 먼저 발견되어야 한다고 말한다.

여기서 곱씹어야 할 말은 '먼저'라는 단어다. 어떤 교회가 고통받는 노동자들을 위해 성명서를 낸다 해도, 정작 그 교회 안에 여전히 부당하게 대우받는 부교역자나 직원이 있다면 부질없는 발언이라는 것이다(약 2:20). 사회적 약자를 위해 힘쓴다면서 정작 교회 안에 있는 약자를 돌보지 않으니 얼마나 난감하고 우스운 일인가? 교회가 지탄을 받는 까닭은 바로 거기에 있는지도 모르겠다.

그러면 혹자는 반문할 것이다. "그렇다면 아예 아무 말도 하지 말라는 것인가?" 그렇지 않다. 말할 때 하더라도 조심해야 한다는 것이다. 존 하워드 요더(John Howard Yoder)는 『국가에 대한 기독교의 증언』에서 교회의 대사회적 활동은 '로비'가 아니라 '증언'이라고 분명히 말한다. 참된 증언이 되려면 기독교 신앙의 확신에 기초해야 하고, 궁극적으로 행동과 일치해야만 한다는 것이다.

더 중요한 것은, 교회는 무언가 할 말이 있을 때에만 발언해야 한다는 것이다. 교회는 모든 일에 책임 의식을 느끼고 나설 필요가 없다. 이는 교회나 목회자가 평상시에 인권과 관련된 어떠한 실천이나 활동도 하지 않으면서 입장을 개진하는 일은 삼가야 한다는 것이다. 타종교인이든 동성애자이든 간에 그들을 향한 사랑의 구체적인 실천 없이 그들의 잘못과 약점만을 파고들며 행동과 존재 자체를 부정하는 것은 곧 내 이웃이 누구냐고 묻던 율법사와 하등 다를 바 없다. 그들 또한 우리의 이웃이라면 선한 사마리아인처럼 사랑으로 돌보는 것이 우리가 마땅히 해야 할 일이리라. 그렇기에 '왜 저들이 문제인가'가 아니라 '왜 저들을 사랑할 수밖에 없는가'가 우리의 고민이 되어야 할 것이다.

그동안 우리는 얼마나 함부로 타인에 대해 말하고 일반적으로 단정함으로 많은 상처를 남겼던가. 말에 잇따르는 일말의 행동이나 실천도 없이 말이다. 이것이 교회나 목회자가 사회의 모든 사안에 책임을 갖고 발언할 필요가 없다는 말의 참뜻이다. 행함이 없는 믿음은 죽은 믿음과 같기 때문이다.

흔한 말로 하나를 보면 열을 안다고 하지만 실상은 하나를 보면 하나만 알 수 있을 뿐이다. 하나만 보고 다른 아홉을 넘겨짚거나 미리 재단하는 것은 위험한 일이다. 이것은 자기 판단에 대한 과신에 불과하다. 그러므로 교회나 목회자들은 사회적 사안에 일일이 대응해야 한다는 강박을 내려놓고, 말 이면에 있는 참된 가치를 온몸으로 살지 않으면 안 될 것이다. 교회는 먼저 스스로를 돌아보고 말뿐인 말 대신 구체적인 실천의 열매로 말해야 할 것이다.

에필로그
바르트와 니버의
길 사이에서

어떤 이는 현대 신학이 지적으로 난해하기 때문에 목회에는 별로 도움이 되지 않는다고 말한다. 물론 그런 면이 없는 것은 아니다. 웬만한 전문가가 아니고서야 그들의 논의를 따라잡기도 힘들거니와 끝까지 따라간다 하더라도 종내에는 의문을 일으키는 이야기가 다반사이기 때문이다. 그러나 역설적으로 가장 이론적인 것이 가장 현실적인 법이다. 바로 옆 사람이 나와 가장 가깝기도 하지만 지구 반대편으로 돌면 가장 먼 사람이 되는 것과 같은 이치이리라. 결국 신학과 현장은 양면이며 하나가 아닐까?

    오랜 꿈 때문인지 나는 특별히 목회 경험이 있는 신학자에게 애착이 간다. 대표적으로 교회 역사상 가장 걸출한 신학자였던 성 아우구스티누스는 금식과 기도를 쉬지 않았던 목회자였다. 그와 어느 정도 견줄 수 있는 인물이 칼 바르트일 것이다. 그는 공부를 마친 후 집안 형편 때문에 스위스 자펜빌이라는 작은 마을에서 목회를 시작했다. 하지만 그즈음 발발한 1차 세계대전을 경험하며 신학교 시절 배운 낙관적 세계관에 대해 회의를 품게 되었다. 19세기 당시를 뒤덮고 있던 자유주의 신학 풍조와는 너무도 다른 인간의 죄성과 역사 안에 뿌리내리고 있는 어둠을 깊이 경험했기 때문이다. 그래서 그는 인간이 주체가 되는 신학으로부터 결별하고 이전과는 다른 신학적 토대를 구축하기 위해 로마서를 연구하였다. 그래서 나온 『로마서 주석』은 레닌의 볼셰비키 혁명에 대한 신학적 변증이면서도 자유주의 신학에 대한 경종이었다.

그는 하나님과 인간의 무한한 질적 차이를 강조하며 인간에 대한 가능성을 철저히 부정하였다. 신학의 주체를 인간에게서 하나님으로 옮겨 놓은 것이다. 바르트에게 하나님의 초월성과 은총은 세상의 그 어떠한 혁명보다도 급진적이고 철저한 혁명을 유발한다. 결과적으로 바르트는 하나님의 초월성을 강조하며 하나님의 은총만이 우리를 구원할 수 있다고 말하게 된 것이다.

한편 그와 유사한 경험을 통해서 전혀 다른 결론에 도달한 신학자가 있으니 바로 라인홀드 니버다. 니버 역시 바르트와 함께 20세기 가장 영향력 있는 신학자로 알려져 있다. 그는 자동차 산업이 한창 번창하던 즈음 미국의 디트로이트에서 바르트처럼 가정 형편 때문에 목회를 시작하였다. 또한 그 역시 자본주의의 현실 속에서 인간이 지닌 죄성의 깊이를 절감하며 이전에 품었던 이상들을 포기하였다. 예수의 가르침은 현실에서는 도저히 이루어질 수 없는 불가능한 이상이었다. 하여 니버는 본질적으로 예수의 길을 그대로 따를 수 없는 인간에게 실천 가능한 중간 수준의 윤리를 제시하였다. 문제는 그 중간 수준이라는 것이 과연 어디서 어디까지를 말하느냐는 것이다. 각각의 이해관계에 따라 그 수준은 달라질 수밖에 없기 때문이다.

니버는 인간의 죄성에 방점을 깊이 찍었지만, 죄인 된 인간을 사랑하고 변화시키는 하나님의 초월적 은혜에 대해서는 깊이 인식하지 못했다. 현실에 너무 경도된 탓이다. 두 사람의 현실 인식은 동일했지만, 그 해석은 확연히 달랐다. 바르트는 인간의 변화는 오직 하나님의 완전한 사랑과 자유 안에서만 가능하다고 생각한 반면, 니버는 그 길을 인간으로부터 찾았다. 니버의 신학에서 교회론이나 성령론이 약한 것은 어찌 보면 자연스러운 결과다.

나 역시 다른 누구도 아닌 내 자신의 모습에서 타락한 인간의 역겨운 실상을 발견한다. 인간의 약함과 악함을 속속들이 파악했다고 말할 경지에는 다다르지 못해도 어느 정도는 실감하게 된 듯싶다. 그래서 간혹 두 사람을 생각하는 것이다. 나는 과연 바르트의 길과 니버의 길 중 누구의 길을 걸을 것인가. 그 거리는 하나님이 하늘에 계시고 인간은 땅 위에 있는 것만큼 멀고도 멀다. 하여 나는 악한 인간의 실상을 경험하지만 그래도 끝내 하나님의 은총과 자유를 믿으며 교회의 갱신과 사회의 변혁을 꿈꿀 것인지, 아니면 인간의 모습을 수긍하고 현실에 맞게 살아갈 것인지를 두고 지금까지도 고민하고 있다.

하지만 그럼에도 나는 바르트의 길을 선택하고 싶다. 만일 인간의 변화보다 인간의 현실을 좇는다면, 그래서 인간과 역사가 변혁되는 것이 거의 불가능에 가깝다면, 교회가 이 땅에 존재해야 하는 이유는 무엇이란 말인가? 이 논리대로라면 나는 앞으로도 그리 변할 가능성이 없는 인간이고, 하나님은 당신이 창조한 존재 하나 고치지 못하시는 분이 되고 만다. 이에 대한 성서의 분명한 대답은 예수 그리스도다. 십자가에 매달려 죽으셨으나 다시 사신 예수님으로 말미암아 불가능이 가능하게 되었다는 희망의 외침이리라.

주님 안에서 죄인 아닌 사람이 없다. 그러나 주님 안에서 의인 아닌 사람 또한 없다. 하나님의 사랑과 은혜 안에서 세상은 스스로 얼마나 부패했는지를 보게 될 것이다. 그러나 하나님의 자비 안에서 새롭게 되지 못할 것은 아무것도 없다. 세상의 관점으로 보면 우리는 한없이 약하다. 하지만 주님의 관점으로 보면 그 약함이 강함이 된다. 니버처럼 세상을 안경 삼아 예수를 보면 엠마오로 가게 될 테지만, 바르트처럼 예수를 안경 삼아 세상을 보면 다시 예루살렘으로 가게 될 것이다. 그리하여 바르트처럼 희망을 꿈꾸고, 엠마오의 두 제자처럼 잘못된 길에서 돌아서고자 힘써 분투하련다. 오직 예수 안에서 말이다!

불완전한 삶에게 말을 걸다

지은이　　김기현

2017년 7월 20일 1판 1쇄 펴냄

펴낸곳　　　도서출판 예수전도단
출판 등록　　1989년 2월 24일(제2-761호)
주소　　　　경기도 고양시 일산동구 호수로 340-11, 301호(백석동)
전화　　　　031-908-9987 · **팩스** 031-908-9986
전자우편　　publ@ywam.co.kr
홈페이지　　www.ywampubl.com

ISBN 978-89-5536-541-2

책값은 뒤표지에 있습니다.
잘못된 책은 바꾸어 드립니다.